A Magia Divina dos Gênios

A Força dos Elementais da Natureza

Rubens Saraceni

A Magia Divina dos Gênios

A Força dos Elementais da Natureza

MADRAS®

© 2024, Madras Editora Ltda.

Editor:
Wagner Veneziani Costa (*in memoriam*)

Produção e Capa:
Equipe Técnica Madras

Ilustração da Capa:
Parvat

Revisão:
Adriane Gozzo
Rita Sorrocha
Monica Graichen Coelho

**Dados Internacionais de Catalogação na Publicação (CIP)
(Câmara Brasileira do Livro, SP, Brasil)**

Saraceni, Rubens, 1951- .
A magia divina dos gênios: a força dos elementos da natureza/ Rubens Saraceni. – São Paulo: Madras, 2024.

ISBN 978-85-370-0392-3

5ed
1. Elementais 2. Magia I. Título.
08-06676 CDD-133.43

Índices para catálogo sistemático:
1. Magia divina dos gênios: Ocultismo 133.43

Proibida a reprodução total ou parcial desta obra, de qualquer forma ou por qualquer meio eletrônico, mecânico, inclusive por meio de processos xerográficos, incluindo ainda o uso da internet, sem a permissão expressa da Madras Editora, na pessoa de seu editor (Lei nº 9.610, de 19/2/1998).

Todos os direitos desta edição reservados pela

MADRAS EDITORA LTDA.
Rua Paulo Gonçalves, 88 — Santana
CEP: 02403-020 — São Paulo/SP
Tel.: (11) 2281-5555 – (11) 98128-7754
www.madras.com.br

Índice

Introdução 9
Os Gênios 13
Os Gênios Regentes 17

Modelos de Gênios

Os Gênios Tutelares 23
Os Gênios Guardiães 29
    Gênios Guardiães Ígneos 30
    Gênios Guardiães Eólicos 31
    Gênios Guardiães Telúricos 31
    Gênios Guardiães Aquáticos 32
    Gênios Guardiães Vegetais 32
    Gênios Guardiães Minerais 32
    Gênios Guardiães Cristalinos 33
    Gênios Guardiães Temporais 33

Os Clãs dos Gênios 35
O Nascimento dos Gênios 37
Os Gênios Pessoais 39
Os Gênios dos Vegetais 49
    Magia Branca para Cortar Magias Negras 55
    Magia para Curar Impotência Sexual 63
    Magia para Curar Doenças Espirituais 68
Os Gênios do Fogo (Ígneos) 75
    Magia Ígnea para Cortar Magia Negativa 78
    Magia para Curar Frigidez Sexual 82
    Magia para Purificar o Lar 86
Os Gênios da Água (Aquáticos) 91
    Magia para Curar Doenças da Pele 94
Os Gênios Minerais 97
    Magia para Atrair Prosperidade 99
    Magia para a Saúde 103
    Magia para Cortar Magias Negativas 107
Os Gênios Cristalinos (dos Cristais) 111
    Magia para Proteção de Lares 114
    Magia para Amor, Saúde e Prosperidade 118
Os Gênios Eólicos (do Ar) 123
    Magia para a Saúde 126
    Magia para Direcionamento da Vida 129

Magia para Cortar Magias Negativas,
Encantamentos, etc. 132
Os Gênios Telúricos (da Terra) 137
Magia para Proteção de Lares 139

Introdução

Introdução

Amigo leitor, eis que coloco à sua apreciação um livro deveras interessante, porque aborda de forma clara e objetiva um dos muitos mistérios do nosso divino Criador: os gênios da natureza! Eu, muitos anos atrás, tive meu primeiro contato com os gênios da natureza por meio de minhas iniciações, todas elas conduzidas pelo meu mestre pessoal Lahi-Ho-Ach-Me-Yê, um I.G.M.M.L.C. (Iniciado Grão-Mestre, Mago da Luz Cristalina), que me guiou e me transmitiu chaves de mistérios antes inimaginados por mim.

Foram muitos anos de aprendizado sobre o universo oculto do nosso divino Criador, e as revelações se sucediam e continuam a chegar-me desde que me consagrei a Deus como seu servo, mago da luz, da lei e da vida.

Quando fui iniciado perante os gênios, como era uma entre várias iniciações que se sucediam, cada qual importantíssima em seu campo de atuação dentro da criação divina, dei pouca atenção ao potencial deles junto a nós.

O que mais me interessou na iniciação foi a neutralização das magias negativas, pois seus poderes são magníficos nesse campo.

Hoje, muitos anos depois, vejo que deixei de recorrer aos gênios para muitas outras coisas, todas benéficas às pessoas.

Mas, se agora coloco ao público todo um novo conhecimento e novas revelações sobre essa classe de seres já conhecidos e evocados desde os primórdios da humanidade, faço-o com autorização do meu mestre pessoal e iniciador junto aos gênios e visando transmitir uma gama de informações não encontradas na literatura ocultista disponível aos leitores não especializados.

Sabemos que há várias magias "geniais" e que em alguns países do Oriente Médio existe todo um conhecimento secreto sobre os gênios, conhecimento este que não está escrito, mas que é passado oralmente de mestre para discípulo durante suas iniciações e de forma gradual, ou seja: o mestre só transmite ao seu discípulo o que ele está preparado para receber.

O nosso objetivo, aqui neste livro, é tornar popular e acessível às pessoas todo um conhecimento e alguns procedimentos magísticos, em que elas poderão evocar os gênios e beneficiar-se do magnífico poder desses misteriosos seres da natureza.

Eles estão à nossa volta e nos contemplam a distância, sem poder interferir em nossas vidas porque desconhecemos tudo sobre eles e os temos na conta de seres míticos ou personagens de fábulas. Porém, a verdade é que podemos evocá-los para causas nobres.

Esperamos que o leitor utilize-se do que aqui ensinamos e faça com fé e determinação todas as oferendas magísticas aos gênios, pois as descrevemos porque esses procedimentos são positivos e desprovidos de maiores cuidados ritualísticos, justamente para facilitar o acesso a essa classe de seres da natureza responsáveis pelo equilíbrio dela e pelo da nossa essência divina.

Alertamos ao leitor que até o momento não há ninguém ensinando magias com gênios; porém, deve se acautelar, pois quando iniciamos a magia das velas logo surgiu grande quantidade de pessoas "ensinando" a "mesma" magia por pura esperteza, já que lhes falta a autorga divina para assim proceder, e o que ensinam são "magias ofertatórias", não uma verdadeira iniciação magística.

Assim, não duvidamos que em breve surgirão alguns espertalhões ministrando cursos de magia dos gênios.

Fique alerta, pois, se aqui estão sendo feitas algumas revelações sobre essa classe de seres, é porque a abertura desse mistério se insere na da "Magia Divina", iniciada por mim em 1999, e que tem em seu primeiro estágio a magia das velas ou a magia divina das sete chamas sagradas.

Se você, amigo leitor, desejar aprender magia e quiser se iniciar, saiba que poderá fazê-lo conosco, mas para trabalhar regularmente com os gênios da natureza e atender às pessoas necessitadas com o auxílio deles você só poderá fazê-lo após a quinta iniciação na magia divina, pois "a magia sagrada dos gênios" é o quinto degrau de uma escala magística que possui treze degraus.

Portanto, se você souber de alguém que diga que trabalha com os gênios, tome cuidado e, antes, verifique se essa pessoa foi iniciada por mim, Rubens Saraceni, e se tem o certificado assinado também por mim, certo?

Afinal, se faço esse alerta é porque o que aqui ensino é para o uso de todos e não custa nada a ninguém. Mas como sei que os espertalhões estão à espera de tudo o que é novo para se aproveitarem da boa fé alheia então... Não me responsabilizo pelo que venham a fazer.

Que Deus abençoe a todos e que seus gênios possam voltar a ajudar as pessoas que creem neles e a eles recorrer com fé e amor.

Tenha uma boa leitura!

Mestre Mago iniciador do arco-íris divino:

Rubens Saraceni
(Niye-He-Ialutá-Haiim-Ach-Me-Yê)

Os Gênios

O que são os gênios? São seres que vivem da natureza e a habitam, constituindo uma das classes criadas por Deus. Os gênios dividem-se por elementos encontrados na natureza terrestre e formam as seguintes categorias:

- Gênios das Águas (doce, salgada, mineral, ferruginosa, etc.).
- Gênios do Ar.
- Gênios do Fogo.
- Gênios da Terra.
- Gênios dos Minerais.
- Gênios dos Cristais.
- Gênios dos Vegetais.
- Gênios Temporais.

Todas as categorias mencionadas são regidas por gênios guardiães da natureza e cada uma delas tem seus gênios regentes, que são divindades tutelares desses seres sutis, mas poderosíssimas, que habitam na natureza e manipulam a essência dos elementos que a formam.

Os gênios tutelares dividem-se em quatro classes de seres divinos. São elas:

- Classe dos gênios tutelares do Norte.
- Classe dos gênios tutelares do Sul.
- Classe dos gênios tutelares do Leste.
- Classe dos gênios tutelares do Oeste.

Da classe de gênios tutelares saem os gênios guardiães da natureza.

Os gênios tutelares são comandados por aqueles regentes das classes de gênios.

Os gênios regentes também se dividem em regentes do Norte, do Sul, do Leste e do Oeste.

- Os gênios regentes do Norte são os governantes do "alto" ou das faixas vibratórias positivas horizontais das dimensões naturais da vida.

- Os gênios regentes do Sul são os governantes do "embaixo" ou das faixas vibratórias negativas horizontais das dimensões naturais da vida.

- Os gênios regentes do Leste são os governantes das faixas vibratórias verticais da direita das dimensões naturais da vida.

- Os gênios regentes do Oeste são os governantes das faixas vibratórias verticais da esquerda das dimensões naturais da vida.

Assim, temos essas hierarquias de gênios em cada elemento da natureza terrestre:

- Gênios regentes do Norte ou do alto.
- Gênios regentes do Sul ou do embaixo.
- Gênios regentes do Leste ou da direita.
- Gênios regentes do Oeste ou da esquerda.

Os gênios regentes têm seus auxiliares – os gênios tutelares – que são:

- Gênios tutelares do Norte ou do alto.
- Gênios tutelares do Sul ou do embaixo.
- Gênios tutelares do Leste ou da direita.
- Gênios tutelares do Oeste ou da esquerda.

Os gênios tutelares também têm seus auxiliares, que formam hierarquias muito bem definidas, as quais classificamos segundo o modelo até aqui adotado. São eles:

- Gênios guardiães do Norte ou do alto.
- Gênios guardiães do Sul ou do embaixo.
- Gênios guardiães do Leste ou da direita.
- Gênios guardiães do Oeste ou da esquerda.

Os gênios guardiães têm seus auxiliares, que se deslocam continuamente por toda a natureza terrestre e em suas muitas dimensões naturais da vida, sempre as vigiando para atuarem onde surgir algum desequilíbrio energético, resultante do esgotamento das "essências" naturais, que são energias sutilíssimas absorvidas pelos seres da natureza.

Os gênios auxiliares dos guardiães são classificados por nós como "gênios guardiães da natureza".

Os Gênios Regentes

Os gênios regentes são seres divinos que regem tantos outros, que é impossível quantificá-los. Essas divindades, classificadas por meio dos elementos formadores da natureza terrestre, são verdadeiros mistérios do nosso divino Criador e, nas hierarquias divinas, têm a mesma importância que todas as outras divindades, sejam elas anjos, arcanjos, tronos, serafins, etc.

Os seres regidos pelos gênios atendem a uma evolução específica estabelecida por Deus só para eles, que não é nada parecida com a evolução dos espíritos.

Nós, espíritos humanos, na medida de nossa evolução, vamos desenvolvendo nossas faculdades mentais e apurando nossa consciência acerca de Deus e da Sua criação divina.

Também vamos desenvolvendo nossos dons naturais, herdados d'Ele, nosso divino Criador, e adquirindo talentos específicos da criatividade humana, tais como:

- Talentos musicais.
- Talentos artísticos.
- Talentos religiosos, etc.

Quanto aos gênios, eles nascem de um modo que descreveremos mais adiante, em um capítulo específico, porque têm evolução diferenciada e análoga à das divindades, que são o que são desde que Deus as gerou. Os gênios regentes, por atribuição divina, têm de dar sustentação ao crescimento dos seres gênios, que os reproduzem em si mesmos e são seus manifestadores naturais.

- Os gênios regentes do Norte são extremamente amorosos e acolhedores.
- Os gênios regentes do Leste são extremamente inteligentes e bondosos, além de acolhedores e fraternais.
- Os gênios regentes do Oeste são extremamente argutos e desconfiados.
- Os gênios regentes do Sul são extremamente arredios e irritáveis.

Pela natureza dos gênios regentes, podemos deduzir que regem seres de uma mesma classe, porém diferenciados entre si pelo modo de ser.

- Os do Norte são afáveis.
- Os do Leste são solidários.
- Os do Oeste são ariscos.
- Os do Sul são arredios.

Como essas são a natureza dos regentes, repetem-se nos seres gênios regidos por eles.

Os gênios regentes têm suas hierarquias de auxiliares, que são seus representantes nos muitos "domínios" ou reinos da natureza, criando toda uma classe de seres divinos que se espalham por todas as faixas vibratórias das muitas dimensões da vida.

Os gênios regentes são enormes e chegam a ter centenas de metros de altura, conservando certos traços que dão a eles feições como se fossem "rostos" irradiantes.

As hierarquias regentes são gigantescas, e os gênios regentes de domínios estão espalhados por toda a criação.

MODELOS DE GÊNIOS

Os Gênios Tutelares

Os gênios tutelares formam a maior hierarquia dessa classe de seres criados por Deus. Assim como há um gênio regente do Norte, um do Sul, um do Leste e um do Oeste para cada elemento da natureza e estes têm suas hierarquias de gênios de domínios espalhados por toda a criação (dimensões da vida e suas faixas vibratórias), todos os gênios regentes têm seus gênios tutelares, que podemos comparar a chefes de "clãs".

Os gênios tutelares são chefes de "famílias" gigantescas, que alcançam a casa de centenas de milhares de membros de um mesmo "clã".

Eles se assentam ao redor de seus gênios regentes, formando uma "corte" abrangente, porque uns são gênios musicais; outros, curadores; outros, do conhecimento, etc.

Aos gênios tutelares respondem todos os membros de seus "clãs" que não se dirigem diretamente aos gênios regentes, mas sim aos líderes tutelares.

- Os gênios tutelares podem se dirigir aos regentes dos domínios para comunicar as ações dos membros de seus "clãs" dentro ou fora de seus domínios.

Além dos gênios tutelares, somente os líderes dos gênios guardiães de domínios podem se dirigir aos gênios regentes, pois são os "comandantes" de gigantescas hierarquias, que são em si verdadeiros "exércitos" protetores dos domínios regidos por eles.

Os gênios tutelares são tidos como os "pais" dos "clãs" e tanto podem ser gênios machos ou fêmeas, porém nunca um "clã" terá ambos como seus líderes e tutelares.

Sim, há "clãs" cujos gênios tutelares são machos ou fêmeas.

O gênio tutelar de um "clã" é único e não compartilha sua função com nenhum outro.

Os gênios tutelares são muito profílicos e, se macho, tem uma corte de gênios femininos a cortejá-lo e a multiplicar os membros do "clã". No entanto, se o gênio tutelar é fêmea, tem uma corte de gênios masculinos a cortejá-la, para que o "clã" vá crescendo sempre em número de membros.

Os gênios e gênias membros das "cortes", assim que se relacionam com os regentes, ficam ao lado deles(as) à espera do nascimento dos(as) filhos (as), e assim que isso acontece assumem sua tutela e recebem um reino dentro do domínio em que vivem, passando a tutelar os novos membros do "clã".

Com isso, os reinos vão se multiplicando dentro dos domínios, e o novo gênio tutelar, seja ele macho ou fêmea, dá início a um subclã, regido por seu gênio tutelar e líder de seu "clã".

Os(as) gênios(as) de subclãs aguardam os novos gênios crescerem e, tal como aconteceu com eles(as), assim que seus tutelados amadurecem vão acolhendo-os(as) e formando suas cortes, com quem começam a se relacionar até que estejam aptos a tutelar novos gênios filhos(as) e a formar novos sub-reinos.

O processo é repetitivo e multiplicativo dentro dos "clãs", pois é muito raro um gênio ou gênia de um "clã" unir-se a membros de outros "clãs".

O que ocorre entre os gênios no campo da multiplicação da espécie é a união dos gênios "pais" com suas "filhas" ou tuteladas para torná-las gênias tutelares e a união das gênias "mães" com seus filhos ou tutelados para torná-los gênios tutelares.

Os gênios machos e fêmeas de uma mesma gestação não formam pares, ainda que nada os impeça de se relacionar sexualmente. Mas nessas uniões esporádicas, eles(as) não conseguem se multiplicar, ainda que vivenciem o prazer quando se unem.

Só os gênios "pais" conseguem "fertilizar" suas gênias "filhas", e só as gênias "mães" conseguem dar aos seus gênios "filhos" uma gestação numerosa e abrir-lhes sub-reinos dentro dos reinos tutelados por eles(as).

Por isso, é normal os gênios "pais" viverem rodeados por suas "filhas", e as gênias "mães", por seus gênios "filhos".

Entre os gênios não existe a nossa interpretação humana de paternidade ou maternidade, e todos, por serem plenos em si no momento em que nascem, são seres autônomos.

Todos têm laços de união muito fortes e que não se rompem nunca, pois os machos são ligados mental, umbilical e sexualmente às suas "mães", e só elas são capazes de gerar para eles toda uma "hereditariedade", o mesmo ocorrendo com as fêmeas, que também já nascem ligadas mental, umbilical e sexualmente a seus "pais", que são os únicos capazes de fertilizá-las e de dar-lhes hereditariedade.

Um gênio, macho ou fêmea, só se torna prolífico se se unir a outro com quem tem as três ligações (mental, umbilical e sexual).

Os gênios que não têm essas ligações entre si não se multiplicam, mesmo que se unam frequentemente.

Outra coisa inexistente nessa classe de seres é o sentimento de posse entre os que se relacionam por puro prazer, já que as uniões são vistas e entendidas como mero aprendizado e necessárias para a troca de essências vitais estimuladoras das faculdades mentais e amadurecedoras dos sentidos e atributos naturais.

Enfim, um gênio tutelar chefe de um "clã" dá origem a muitas gênias tutelares, e uma gênia tutelar chefe de um "clã" dá origem a muitos gênios tutelares.

Nossas noções de incesto inexistem entre esses seres da natureza, porque, como já foi dito, só um gênio "pai" está ligado mental, umbilical e sexualmente às suas gênias "filhas" e só ele consegue fertilizá-las, o mesmo ocorrendo com as gênias "mães".

Também nossa noção de infidelidade inexiste entre eles, pois as uniões, ainda que estéreis, são vistas e entendidas como fundamentais para o aprendizado e para o amadurecimento desses seres.

Nosso "amor possessivo" não existe entre os gênios, e as uniões são naturais entre eles, dispensando certas "nuanças" existentes entre os espíritos.

Assim, com todas essas explicações sobre os gênios tutelares, esperamos ter passado algum conhecimento sobre como eles surgem, bem como os chefes dos "clãs" e das "famílias" desses seres da natureza.

Os Gênios Guardiães

Os gênios guardiães formam hierarquias gigantescas – verdadeiros exércitos mesmo – e estão espalhados por todos os domínios da natureza, sempre vigilantes quanto às alterações energéticas que acontecem nas áreas sob sua responsabilidade.

Existem vinte e oito hierarquias de gênios guardiães dos domínios da natureza.

Sim, existem sete essências distribuídas pelos quatro pontos cardeais. São elas:

- Essência ígnea.
- Essência eólica.
- Essência telúrica.
- Essência aquática.
- Essência vegetal.
- Essência mineral.
- Essência cristalina.

Da mesma forma, para cada essência há quatro regentes:
- Do Norte ou do alto.
- Do Sul ou do embaixo.
- Do Leste ou da direita.
- Do Oeste ou da esquerda.

Assim, temos vinte e oito regentes e vinte e oito hierarquias de gênios guardiães das essências da natureza. Os membros dessas hierarquias saem dos clãs, e todos são gênios(as) tutelares que já alcançaram a maturidade e expandiram seus subclãs ao máximo, precisando de atividades preservadoras dos domínios e de seus tutelados, que também dirigem outros domínios.

Os gênios gurdiães são classificados em:
- Gênios guardiães ígneos.
- Gênios guardiães eólicos.
- Gênios guardiães telúricos.
- Gênios guardiães aquáticos.
- Gênios guardiães vegetais.
- Gênios guardiães minerais.
- Gênios guardiães cristalinos.
- Gênios guardiães temporais (classe que não abordaremos ou descreveremos).

Gênios Guardiães Ígneos

- Os gênios guardiães ígneos do Norte ou do alto são muito solícitos.

- Os gênios guardiães ígneos do Sul ou do embaixo são muito irritáveis.
- Os gênios guardiães ígneos do Leste ou da direita são muito afáveis.
- Os gênios guardiães ígneos do Oeste ou da esquerda são muito ariscos.

Gênios Guardiães Eólicos

- Os gênios guardiães eólicos do Norte ou do alto são muito observadores.
- Os gênios guardiães eólicos do Sul ou do embaixo são muito desconfiados.
- Os gênios guardiães eólicos do Leste ou da direita são muito espertos.
- Os gênios guardiães eólicos do Oeste ou da esquerda são muito astutos.

Gênios Guardiães Telúricos

- Os gênios guardiães telúricos do Norte ou do alto são muito meditativos.
- Os gênios guardiães telúricos do Sul ou do embaixo são muito arredios.
- Os gênios guardiães telúricos do Leste ou da direita são muito reflexivos.
- Os gênios guardiães telúricos do Oeste ou da esquerda são muito isolacionistas.

Gênios Guardiães Aquáticos

- Os gênios guardiães aquáticos do Norte ou do alto são muito envolventes.
- Os gênios guardiães aquáticos do Sul ou do embaixo são muito possessivos.
- Os gênios guardiães aquáticos do Leste ou da direita são muito sensíveis.
- Os gênios guardiães aquáticos do Oeste ou da esquerda são muito fugidios.

Gênios Guardiães Vegetais

- Os gênios guardiães vegetais do Norte ou do alto são muito prestativos.
- Os gênios guardiães vegetais do Sul ou do embaixo são muito egoístas.
- Os gênios guardiães vegetais do Leste ou da direita são muito inteligentes.
- Os gênios guardiães vegetais do Oeste ou da esquerda são muito "interesseiros".

Gênios Guardiães Minerais

- Os gênios guardiães minerais do Norte ou do alto são muito amorosos.
- Os gênios guardiães minerais do Sul ou do embaixo são muito ciumentos.

- Os gênios guardiães minerais do Leste ou da direita são muito generosos.
- Os gênios guardiães minerais do Oeste ou da esquerda são muito possessivos.

Gênios Guardiães Cristalinos

- Os gênios guardiães cristalinos do Norte ou do alto são muito meditativos.
- Os gênios guardiães cristalinos do Sul ou do embaixo são muito pensativos.
- Os gênios guardiães cristalinos do Leste ou da direita são muito orientadores.
- Os gênios guardiães cristalinos do Oeste ou da esquerda são muito interrogativos.

Gênios Guardiães Temporais

- Os gênios guardiães temporais do Norte ou do alto são muito voláteis e irradiantes.
- Os gênios guardiães temporais do Sul ou do embaixo são muito concentradores e absorvedores.
- Os gênios guardiães temporais do Leste ou da direita são muito ativos e irrequietos.
- Os gênios guardiães temporais do Oeste ou da esquerda são muito volúveis e enganosos.

Essas são as naturezas dos gênios guardiães e reflexos de como eles são em seus respectivos reinos e domínios.

Portanto, se vamos trabalhar magisticamente com qualquer uma das hierarquias de gênios guardiães, temos de atentar para a natureza íntima de cada um deles, pois do contrário eles se afastarão de nós assim que se sentirem melindrados por nossos comportamentos e atitudes humanas, muitas vezes contrários aos deles, e seremos incompreendidos por esses seres perspicazes, sensíveis e desconfiados por natureza.

Para evocarmos uma hierarquia de gênios guardiães da natureza, temos de nos comportar com naturalidade para que eles possam captar nossos sentimentos mais profundos e "sentir" nossa natureza íntima, pois assim nos classificam, e, se sentirem afinidade, passarão a nos auxiliar.

Os Clãs dos Gênios

Os gênios formam clãs que se assemelham a povos. Existem clãs gigantescos, médios e pequenos, porém, mesmo esses, são muito numerosos.

Os membros de um clã só se unem entre si para multiplicar sua espécie, ainda que costumem se relacionar com membros de outros clãs para adquirir experiência e maturidade.

Um clã é como uma ordem fechada, e só seus membros sabem onde está localizado o reino originador.

O reino original de um clã é como uma base segura para todos os seus membros e um refúgio para os gênios anciões, que são aqueles que amadureceram e envelheceram.

Todos os que se tornam anciões recolhem-se ao meio original de seu clã e lá permanecem até que seu regente os chame para junto de si, redirecionando-os para uma outra realidade de Deus, que, segundo informações de alguns gênios guardiães, é um outro universo, desconhecido dos que vivem nesse que conhecemos a partir de nosso plano material.

Os gênios guardiães consultados por nós revelaram que existem muitos universos, uns intercalados entre os outros, mas cada um vibrando em uma frequência só sua e visíveis somente aos seres ligados a eles.

O mistério da criação já era de nosso conhecido a partir do enigma do "trono de Deus". Portanto, é plausível tal revelação porque Deus é infinito em todos os sentidos em que o estudemos.

O mistério dos Universos paralelos, todos ocupando um mesmo "espaço", mas cada um tendo seu "lado material" formado em uma frequência específica, já é conhecido há muito por espíritos que alcançam o ascencionamento.

Para que os leitores entendam esse mistério, saibam que entre a Terra e o sol existem muitos outros corpos celestes, porém cada um com sua formação "atômica" ou "molecular" vibrando em uma frequência e intangíveis pelos seres que habitam outros Universos ou dimensões do nosso divino Criador.

Mas, voltando ao clã dos gênios, cada um é como uma nação dentro de uma raça, e todos os clãs de uma raça são governados por um único regente, seja o do Norte ou o do Sul, o do Leste ou o do Oeste.

O Nascimento dos Gênios

Quanto aos gênios, eles já nascem prontos nos "planos sutis" da natureza terrestre. "Nascer prontos" significa que já vêm ao mundo com consciência plena sobre seus lugares na criação divina e possuindo todos os poderes, dons e talentos inerentes aos seres de sua espécie: os gênios!

Sua reprodução assemelha-se à dos peixes, cujas fêmeas geram de uma só vez muitos óvulos. Sendo assim, uma mãe gênio os gera em seu ventre ou útero e quando estão totalmente formados – porém são minúsculos, cujos tamanhos não ultrapassam um centímetro – seu corpo sutil abre uma fenda e começa a expeli-los em fluxos ou contrações, sendo que em cada um desses fluxos saem de uma só vez centenas de minúsculos gênios, já senhores de suas qualidades, dons, talentos e faculdades mentais.

Os gênios já nascem com uma consciência plena e só precisam crescer para exteriorizar suas qualidades, talentos e faculdades.

No "elemento" que os identifica, eles, assim que nascem, têm conhecimento total sobre esse elemento e sua função tanto na natureza terrestre quanto na criação divina. Os pequenos gênios já possuem todas as faculdades, talentos e poderes, ainda que sejam limitados em suas ações, pois têm poder de atuação muito pequeno. No entanto, à medida que vão crescendo, seus poderes vão se fortalecendo, e os gênios vão expandindo seus movimentos, ações e deslocamentos na natureza em que vivem.

Quando pequenos, os gênios circulam ao redor de suas mães, não se afastando delas de modo algum. Mas, assim que crescem e adquirem certo poder de ação, de movimento etérico e de deslocamento dimensional começam a afastar-se e procuram locais onde possam se estabelecer, tais como fontes de água, bosques, montes, lagos, cachoeiras, jardins, vulcões, etc.

Porém, os locais mais atraentes para os gênios são à volta de vórtices ou chacras planetários, desde os maiores até os menores. E o gênio ou gênia, assim que se estabelece em um local, logo começa a atrair seus afins para iniciar um novo clã, em que se reproduzirão e se perpetuarão.

Os Gênios Pessoais

O s gênios, diferentemente dos espíritos, vivem em perfeita simbiose com a natureza, seja ela a terrestre, conhecida por nós, ou a etérica, das muitas outras dimensões da vida, todas paralelas à dimensão espiritual habitada por espíritos que já encarnaram.

A existência dos gênios da natureza não é por acaso ou por capricho do nosso divino Criador, porém eles atendem a um desígnio divino e têm função importantíssima no contexto da criação divina.

Os gênios, por não atuarem diretamente na evolução dos espíritos, não são cultuados religiosamente, tal como acontece com os anjos, arcanjos e tronos.

No entanto, devido ao magnífico campo em que atuam – a natureza –, são evocados e ativados magisticamente, desempenhando atribuição divina outorgada por Deus a essa classe de divindades e de seres da natureza. A atribuição divina outorgada aos gênios consiste no equilíbrio da "natureza", seja ela a terrestre, a etérea das outras dimensões ou dos seres criados por Deus.

Como os gênios têm essa atribuição divina, parte de sua natureza íntima preocupa-se com o equilíbrio natural dos seres, já que seres desequilibrados é sinônimo de "meio ambiente" desequilibrado.

Saiba, leitor, que os gênios já foram muito evocados no passado remoto, quando outras eram as condições do planeta e outro era o modo de vida dos seus habitantes, pois todos viviam em simbiose com a natureza, tanto nela quanto dela.

A dependência era muito grande, e a antiga "fitolatria" ou culto às "árvores sagradas" nada mais era que a reverência aos gênios da natureza.

Com o início da escrita e da codificação das religiões, os seres que conhecemos como gênios receberam muitas denominações em várias das antigas línguas e culturas.

Mas, com o passar do tempo, tudo foi se fechando hermeticamente, e as formas simples e naturais de evocá-los diretamente foram sendo estilizadas, ritualizadas e fechadas nos círculos elitistas formados somente por membros das castas sacerdotais e dirigentes, geralmente compostas por líderes e governantes de clãs tribais.

Quanto mais as sociedades tribais "cosmopolizaram-se" e deixaram a vida nômade muito dependente da natureza, mais o mistério dos gênios foi se fechando e, hoje, quando vivemos em sociedades industriais e as semeaduras e colheitas são totalmente mecanizadas, eles realmente se tornaram dispensáveis. Porém, são imprescindíveis, porque sua existência associada a "todas" as naturezas deve-se a um desígnio divino.

Logo, são indissociáveis das "naturezas" e têm seu campo de atuação sobre todos nós, porque também somos dotados de mecanismos sutis em nossos corpos biológico, espiritual, mental e elementar básico.

- Nossa "natureza biológica" regula os elementos químicos em nosso organismo.
- Nossa "natureza espiritual" regula as energias do nosso corpo etérico ou espiritual.
- Nossa "natureza mental" regula nossos pensamentos, sentimentos, aspirações e anseios.
- Nossa "natureza elementar" regula nosso corpo elementar básico ou primário e nosso instintivismo.

Temos uma "natureza íntima" só nossa, porque somos seres individualizados e personalizados (indivíduos com personalidade própria).

É nessa "natureza íntima" – que possuímos – que os gênios, se solicitados, podem atuar intensamente, ajudando-nos no reequilíbrio energético, emocional e racional, pois corpo e mente em equilíbrio é sinônimo de espírito feliz e pleno em si mesmo.

Todos nós temos ligações sutilíssimas com os gênios, e eles formam algo como uma "cruz regente" de nossas naturezas.

"Cruz regente" significa que há um "Norte" e um "Sul", um "Leste" e um "Oeste" a nos influenciar o tempo todo, ora nos enviando "essências" indispensáveis ao equilíbrio de nossa natureza, ora retirando-lhe os excessos de nossos corpos biológico, espiritual, mental e elementar.

Assim, que fique claro a todos que somos influenciados sutilmente pelos gênios da natureza.

- Alto, embaixo, direita e esquerda são os quatro polos da "cruz genialógica" que nos influencia sem que percebamos suas sutilíssimas atuações, "essenciais" ao equilíbrio de nossa natureza íntima.

No xamanismo primitivo, diferente do moderno, o xamã vivia em comunhão total com a natureza e até se confundia com ela, porque era parte dela.

Hoje, pelo que ouvimos nos relatos de pessoas iniciadas no moderno xamanismo, o ponto alto dessas iniciações é a identificação do "animal interior" ou da manifestação de uma natureza íntima associada a algum animal.

Mas atentem bem para isso: esse "animal interior" nada mais é que a manifestação de um "gênio tutelar que nos rege".

Os gênios tutelares assumem a natureza primitiva e instintiva de seus "médiuns", e essa natureza instintiva, por ser primitiva, faz aflorar um bicho ou animal que vive na natureza. Mas, em verdade, é um arquétipo assumido por nosso gênio tutelar, totalmente etéreo e desprovido de um corpo espiritual semelhante ao que possuímos e que reveste o corpo carnal.

Assim, para incorporar em seu "médium" um gênio tutelar, serve-se do espírito de um animal, cujo mental é inferior ao nosso, e sua natureza, totalmente instintiva.

Isso facilita a incorporação em seu médium, já que um animal já teve um corpo biológico quando viveu no corpo carnal.

Tudo se processa dessa forma: nosso gênio tutelar assume a mente e o espírito de um animal e, contido nesse corpo e comandando o seu mental inferior, aí sim consegue incorporar o médium e manipular sua mente e inconsciente. Porém, uma vez que não possui um corpo espiritual, o gênio tutelar não consegue controlar os movimentos do corpo espiritual do animal que ele assumiu, e com isso o corpo do médium, fora de seu controle mental, assume os movimentos do corpo do animal usado para que a incorporação possa acontecer.

Na verdade, não é um animal que incorpora o médium xamânico, e não é uma natureza animal contida no subconsciente que aflora em seu íntimo, mas sim seu gênio tutelar que assume o mental de um e o usa como meio ou veículo para incorporar o espírito tutelado e "iniciá-lo" no "xamanismo" ou no culto à natureza.

Esperamos que os médiuns xamânicos tirem ótimo proveito da nossa revelação, porque esse é mais um mistério que tivemos a permissão de abrir ao conhecimento das pessoas.

Agora, se um médium xamânico identificar seu gênio tutelar, então seu poder se estenderá até sobre os animais.

Bem, voltando aos gênios pessoais, temos nossos gênios tutelares, e eles poderão ser de vários elementos, e, mesmo em um elemento, poderão ser do Norte ou do alto, do Sul ou do embaixo, do Leste ou da direita, do Oeste ou da esquerda.

Gênios	
	do Norte
	do Sul
	do Leste
	do Oeste

Tipo de gêmios	
	Ígneos
	Eólicos
	Telúricos
	Aquáticos
	Vegetais
	Minerais
	Cristalinos
	Temporais

A cruz "genialógica" de uma pessoa poderia ser essa:

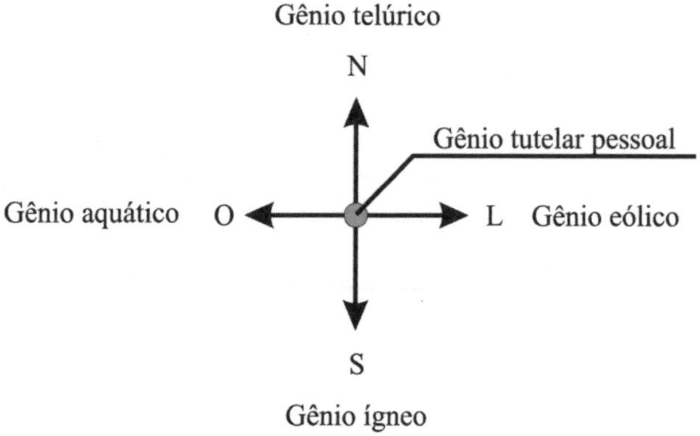

Gênio telúrico
N

Gênio aquático O ←— → L Gênio eólico
                    Gênio tutelar pessoal

S
Gênio ígneo

Ou essa:

Gênio ígneo
N

Gênio eólico O ←— → L Gênio temporal
                    Gênio tutelar pessoal

S
Gênio vegetal

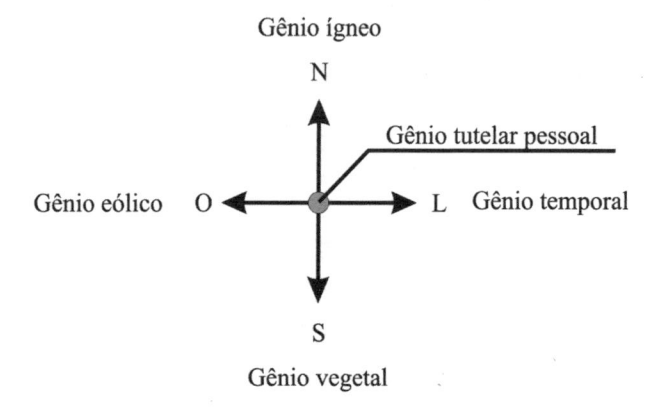

Ou essa:

Gênio cristalino
N
Gênio tutelar pessoal
Gênio ígneo   O ←—●—→ L   Gênio vegetal
S
Gênio mineral

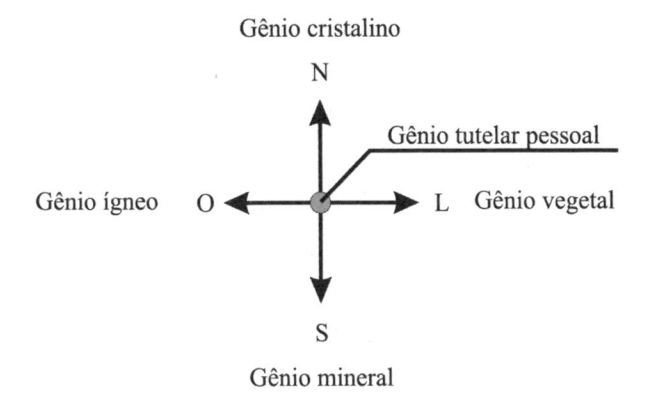

Ou essa:

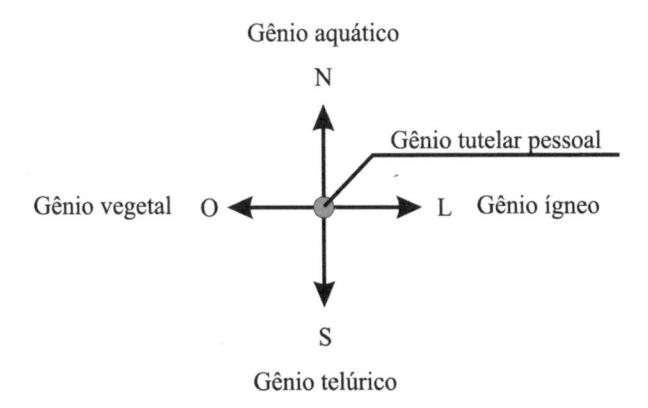

Gênio aquático
N
Gênio tutelar pessoal
Gênio vegetal   O ←—●—→ L   Gênio ígneo
S
Gênio telúrico

Enfim, são tantas as combinações na cruz "genialógica" que é impossível colocá-las aqui por falta de espaço.

Quatro gênios regentes nos influenciam, e no centro da cruz um gênio tutelar pessoal nos assiste e mantém (ou tenta manter) o equilíbrio essencial da nossa natureza.

Lembre-se que os gênios não têm forma definida e bem delineada como a dos espíritos, mas são energias sutilíssimas, essências mesmo!

Eles apreciam oferendas em lugares da natureza em que as energias circulantes no lado etéreo lhes sejam afins. Os campos mais apropriados para as oferendas são:

- Gênios ígneos: campos secos, pedreiras, fogueiras, braseiros.
- Gênios eólicos: campos abertos, campinas, topo de cumes.
- Gênios telúricos: ravinas, grutas, depressões
- Gênios aquáticos: à beira de lagos, rios, enseadas.
- Gênios vegetais: jardins, bosques, florestas.
- Gênios minerais: minas, pedreiras, cachoeiras pedregosas.
- Gênios cristalinos: pedras semipreciosas, drusas, geodos, etc.
- Gênios temporais: em campos planos e abertos.

As oferendas mais apreciadas pelos gênios são:

- Gênios ígneos: frutas cítricas, bebidas com alto teor alcoólico, velas vermelhas.
- Gênios eólicos: frutas secas ou em pó, bebidas doces e secas, velas azuis, brancas, vermelhas, amarelas.
- Gênios telúricos: frutas suculentas, bebidas fortes, velas marrons, roxas, violeta, vermelhas.
- Gênios aquáticos: frutas suculentas, bebidas doces, velas azul-claras, cor-de-rosa, amarelas.
- Gênios vegetais: frutas, mel, bebidas doces, velas verdes.

- Gênios minerais: frutas doces em calda, bebidas doces com baixo teor alcoólico, velas douradas, amarelas, laranja.
- Gênios cristalinos: frutas cítricas ácidas, bebidas com médio teor alcoólico, velas brancas, azuis, amarelas.
- Gênios temporais: frutas azedas, bebidas secas, velas brancas, azul-escuras, roxas.

Também podemos oferecer aos gênios certas iguarias que emanam energias etéreas apreciadas por eles, tais como: frutas em calda, doces, manjares, arroz-doce, canjica, folhas de ervas aromáticas cozidas em calda de açúcar, etc.

O importante é que todos saibam que todos nós temos um gênio pessoal, que é um gênio tutelar, e que estamos sutilmente ligados a ele.

Também possuímos uma cruz "genialógica" que, se ativada corretamente, coloca em ação um gênio guardião do Norte, outro do Sul, outro do Leste e outro do Oeste, todos os quatro comandados por nosso gênio tutelar.

Como essas identificações são dificílimas, recomendamos aos leitores que façam oferendas aos gênios e solicitem sua ajuda, sem se preocupar muito se pertencem ou não à sua cruz pessoal.

Com certeza todos terão um retorno positivo... e isso é o que interessa.

Os Gênios
dos Vegetais

*E*ssa espécie de gênio vive em locais onde os vegetais são abundantes, tais como: florestas, matas, bosques, jardins, etc.

- Os gênios vegetais formam clãs a partir das espécies dos vegetais. Exemplos: laranjeiras, macieiras, bananeiras, cafeeiros, cajuzeiros, coqueiros, etc., todos frutíferos.
- Porém, existem os clãs por ervas. Exemplos: erva-mate, erva-cidreira, arruda, alecrim, etc.
- Também existem clãs formados em árvores. Exemplos: perobas, jequitibás, aroeiras, ipês, carvalhos, eucaliptos, pinheiros, etc.
- Existem clãs formados em plantas "floríceas". Exemplos: roseiras, azaleias, orquídeas, crisântemos, girassóis, etc.
- Há também clãs formados em plantas com raízes tuberosas. Exemplos: mandiocas, cenouras, beterrabas, etc.

São tantos os clãs associados às muitas espécies vegetais, que preferimos não nos alongarmos para não criar toda uma codificação dos gênios vegetais, pois, do contrário, nos desviaremos do nosso objetivo principal, que é o de abrir o mistério da criação divina e colocá-lo ao alcance de todos.

Nesse modo, sabendo da existência dos gênios e dos muitos clãs dentro de um mesmo elemento da natureza, vamos ensinar como evocá-los e conseguir sua ajuda para superarmos algumas dificuldades que surgem em nossa vida, porque vivemos em desarmonia com a natureza terrestre e com nossa própria natureza íntima.

Com a natureza terrestre nos desarmonizamos, porque a destruímos constantemente e pouco fazemos para reconstruí-la, alterando tudo à volta do lugar onde nos estabelecemos.

Exploramos de forma predatória os recursos naturais e não nos damos conta de que, na natureza, tudo tem sua razão de estar onde está, seja uma cachoeira, uma pedreira, uma mina de ferro ou de ouro, uma montanha ou um lago, um vale ou uma planície, um rio ou uma floresta.

Poluímos os rios como se não fizessem parte de um ecossistema do qual muitas outras espécies dependem para viver, e as primeiras criaturas a sofrer são os peixes, os crustáceos, os anfíbios e as aves, que têm nos rios a base sustentadora de sua existência.

O rio que poluímos hoje é a fonte de água que nos faltará amanhã.

As fontes que secamos hoje por ocasião da ocupação indevida do solo e pelo desmatamento inconsequente e desnecessário são as fertilizadoras naturais desse mesmo solo que, sem elas, se torna árido e infértil.

As pedreiras que esgotamos por causa da exploração comercial deixam de ser os poderosos campos eletromagnéticos multidimensionais que diluem "nuvens" de energias negativas que se condensam no éter.

Os lagos e lagoas naturais que drenamos e secamos são viveiros que extinguimos sem nos preocupar com os efeitos climáticos em longo prazo, pois assim vamos desertificando vastas extensões de terra.

As florestas extintas de forma desumana por pura ignorância sobre a natureza que nos cerca privam milhares de espécies de viver em seus hábitats naturais, levando-as à extinção total, empobrecendo a vida no plano material e privando outras dimensões da vida da essência vegetal que geram naturalmente no lado etérico.

Quinhentos anos atrás tínhamos todo um continente coberto por cerrados, campinas, bosques e florestas, tão ricas e exuberantes em espécies vegetais, que os exploradores-descobridores tinham dificuldade para abrir campos agriculturáveis.

Mas hoje é dever vital para nosso planeta reflorestarmos as margens dos rios e suas nascentes, as margens dos lagos e dos ribeirões.

Se a cada ano uma árvore for replantada por cada habitante nas terras ociosas ou não agriculturáveis, dentro de algumas décadas nosso planeta voltará a respirar um ar menos poluído e mais saudável para todas as espécies, inclusive pelos próprios vegetais.

Sim, os vegetais são uma das poucas espécies vivas que produzem na luz o próprio oxigênio que respiram quando são privados da luz solar.

Sim, os vegetais produzem durante o dia o oxigênio que consomem à noite.

E nós, o que produzimos por nós mesmos ou a partir de nós?

De nós, só produzimos excrementos, e a partir de nós nossas ações só produzem dejetos poluidores da natureza que nos cerca.

É hora de mudarmos modificando nossa consciência ecológica, tornando-a preservacionista daquilo que ainda nos resta e restauradora do que nós extinguimos com nosso predadorismo antinatural.

Por que falamos disso em um livro sobre os gênios?

Ora, porque eles são justamente os seres responsáveis pelo "equilíbrio essencial" entre o plano material e as muitas dimensões naturais da vida existentes no nosso abençoado planeta, um dos poucos que sustenta a vida como a conhecemos aqui, no seu lado material.

Portanto, praticar a magia com os gênios implica adquirir consciência ecológica apuradíssima e extremamente preservadora da natureza terrestre, do hábitat natural da espécie humana e de tantas outras.

Os gênios vegetais sabem que tudo é cíclico tanto na natureza terrestre quanto em toda a criação divina e que, mais dia, menos dia, os humanos se conscientizarão de que é muito mais útil e bonito ter um formoso jardim todo florido à volta de sua casa que enfeitar a sala com flores mortas, compradas em floriculturas. Ou que é muito útil às outras espécies que sejam replantadas muitas árvores frutíferas à beira dos córregos, rios e lagos ou nos bosques e florestas, pois muitas delas se alimentam de seus frutos, e outras, dos microorganismos que se desenvolvem a partir da existência dessas árvores frutíferas.

Se vamos ensinar a magia dos gênios para que as pessoas sejam auxiliadas por eles, então elas deverão ajudar os gênios a ajudá-las, preservando a natureza, recuperando-a onde foi exaurida, tornando-a exuberante e útil às outras formas de vida e à vida, que é Deus, nosso divino Criador.

Porém, voltando ao nosso comentário, os gênios distinguem-se justamente porque seus clãs estão associados às espécies de vegetais encontradas na natureza terrestre, onde podemos evocá-los e solicitar sua ajuda para superarmos certas dificuldades.

Os gênios vegetais, por manipularem as essências energéticas das raízes, dos caules, das folhas, das flores e dos frutos, têm campo de atuação vastíssimo, e em certos casos suas atuações magísticas são rápidas e maravilhosas. Mas também esbarram nos mecanismos divinos que regulam os carmas individuais, familiares ou coletivos.

Sabemos que tudo é regulado pelo mecanismo da Lei Maior e da Justiça Divina e que, se alguém não for merecedor de uma ajuda por intermédio da magia dos gênios ou de outras magias, o retorno pode demorar para acontecer.

Mas, dependendo da fé de quem recorrer à magia, com certeza o retorno positivo ocorrerá.

Dessa forma, predisponham-se e tornem-se merecedores da ajuda magística dos gênios reguladores da natureza vegetal.

Magia Branca para Cortar Magias Negras

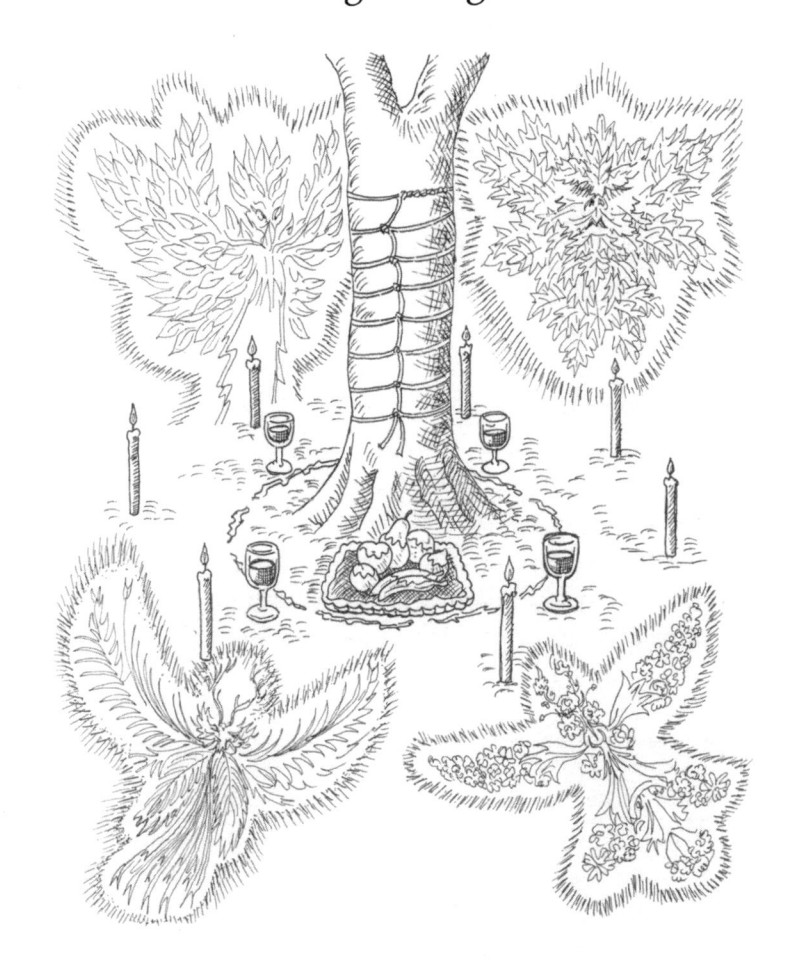

*E*ssa magia poderosíssima só deve ser feita na lua minguante e ao meio-dia em ponto! Sim, você deve estar com todos os materiais necessários, um pouco antes do meio-dia, no local onde irá realizá-la:

―――――― **Material necessário** ――――――

- Uma árvore que tenha um tronco com mais de 33 cm de diâmetro.
- Uma fita verde que dê para dar sete voltas no tronco da árvore escolhida.
- Um saquinho de pano verde contendo 33 moedas do mesmo valor.
- Um litro de mel.
- Um litro de vinho tinto doce.
- Quatro taças ou copos de vidro.
- Sete frutas diferentes (uva, maçã, pera, carambola, laranja abacaxi, manga) ou outras de sua preferência.
- Uma bandeja de papelão e um papel verde para cobri-la.
- Sete velas verdes.

―――――― **Como fazer** ――――――

Após todo o material ter sido adquirido, você deverá ir, antes do meio-dia, até a árvore escolhida para fazer essa magia branca poderosíssima. Porém, antes de sair de casa, deve realizar o seguinte ritual: acender uma vela branca de sete dias e consagrá-la a Deus e ao seu anjo guardião, colocando-a (acesa) em um prato branco com o fundo coberto com mel, dizendo a evocação:

Senhor Deus e senhor meu anjo guardião, muitos têm sido os meus sofrimentos por causa das magias negras feitas contra mim, por pessoas sem escrúpulos e sem piedade para com um semelhante deles, que recorreram aos poderes ocultos negativos para me atingir.

Amparem-me com os vossos poderes divinos, e que eu, amparado pela Lei Maior e pela Justiça Divina, possa cortar as magias negras feitas contra mim e retomar minha vida segundo os vossos desígnios divinos, para eu vivê-la em paz.

Amém!

Depois de ter sido feita a firmeza a Deus e ao anjo guardião, apanhe os materiais necessários e siga vigilante e confiante até a árvore escolhida para a realização da magia branca poderosíssima.

Você deve chegar ao local antes do meio-dia e proceder assim:

1. Coloque a bandeja de papelão no pé da árvore, cobrindo-a com o papel verde.
2. Coloque as sete frutas sobre o papel verde.
3. Abra o litro de mel e derrame um pouco sobre as frutas.
4. Derrame o resto do mel ao redor do pé da árvore.
5. Abra o litro de vinho tinto doce e derrame um pouco ao redor do pé da árvore, porém não em seu tronco, e sim sobre o solo, ao redor dela.
6. Coloque o resto do vinho nas quatro taças ou copos de vidro, distribuindo-as nas posições Norte-Sul e Leste-Oeste, fazendo uma cruz com a árvore escolhida no centro dela. Faça essa evocação:

Em nome de Deus, da Sua Lei Maior e da Sua Justiça Divina, oferendo com essas taças de vinho os gênios vegetais do Norte e do Sul, do Leste e do Oeste e peço que me assistam e me auxiliem nessa minha magia branca, para que aqui, no ponto do meio-dia, sejam cortadas todas as magias negras feitas contra mim injustamente.
Amém!

7. A seguir, acenda as sete velas verdes, segure-as com as duas mãos, eleve-as acima da cabeça e faça essa evocação:

Em nome de Deus, evoco os gênios vegetais e o gênio guardião dessa árvore, escolhida por mim, para que no pé dela sejam amarradas todas as forças e poderes negativos que estão atuando por intermédio de magias negras feitas contra mim por semelhantes meus desprovidos de escrúpulos, humanismo e amor ao próximo.

Gênios vegetais, gênio guardião dessa árvore bendita e gênios guardiães do Norte e do Sul, do Leste e do Oeste, eu vos evoco e, em nome de Deus, vos peço que me libertem dessas magias negras e tomem conta de todas as forças e poderes negativos que estão atuando contra mim, amarrando-os no pé dessa árvore e tirando dessas pessoas o poder de fazerem o mal a mim ou aos meus semelhantes, atuados injustamente por eles.

De agora em diante essas forças e poderes negativos vos pertencem, e eu vos peço que os usem para que comecem a levantar aqueles que derrubaram; para elevar aqueles que fizeram regredir; para curar aqueles que fizeram adoecer; para reequilibrar aqueles que desequilibraram; para reconciliar aqueles que antagonizaram; para proteger aqueles que perseguiram; para fazer prosperar aqueles que lançaram na miséria.

Amém.

8. Firme as sete velas verdes ao redor do pé da árvore, fazendo-o amplo o suficiente para que você possa dar sete voltas ao redor do tronco quando for amarrar a fita verde nele, certo?

9. Pegue a fita verde e amarre-a por uma das pontas no tronco da árvore, dando sete nós, deixando uma ponta grande o suficiente para dar mais nós. A seguir, já com uma das pontas amarradas ao tronco da árvore, comece a andar ao redor dela em sentido anti-horário, enrolando a fita no tronco. Atenção: saindo do ponto em que estão os sete nós, ao completar uma volta, pare diante dele, pegue a ponta dos sete nós e dê mais um nó na fita, dizendo:

Aqui, no pé dessa árvore bendita, amarro as forças e os poderes negativos que estão atuando por intermédio de magias negras feitas contra mim por semelhantes meus desprovidos de amor e de humanismo.

A seguir, dê mais uma volta e mais um nó na fita maior com a ponta dos sete nós e repita essa determinação mágica, vindo a fazê-la por sete vezes e sempre enrolando a fita em sentido anti-horário no tronco da árvore. Ao final das sete voltas, ajoelhe-se dentro do círculo de velas verdes, eleve as mãos e os pensamentos a Deus e ao seu anjo guardião e diga essas palavras:

Senhor Deus e senhor meu anjo guardião; senhores gênios do Norte e do Sul, do Leste e do Oeste; senhor gênio dessa árvore bendita, eu vos agradeço por me libertares das amarras das magias negras feitas contra mim por semelhantes meus e vos peço agora que anules em meu íntimo os sentimentos negativos para que eu melhore e me conscientize de que não devo desejar ou fazer o mal aos meus semelhantes, porque, mais dia, menos dia, todo o mal que eu desejar ou vier a fazer retornará a mim e me atormentará.

Poderes divinos e forças naturais aqui evocadas por mim diluam do meu íntimo todos os pensamentos e sentimentos negativos, sejam eles de inveja, de ciúmes, de ódio, etc., e tornem-me um ser melhor, mais consciente e judicioso do que quando aqui cheguei para clamar pelo vosso auxílio divino. Amém!

A seguir, levante-se, dê alguns passos para trás, começando com o pé direito, saindo do círculo de velas verdes. E quando estiver fora dele, ajoelhe-se mais uma vez, dizendo essas palavras:

Obrigado(a), senhor Deus!
Obrigado(a), senhor meu anjo guardião!
Obrigado(a), senhor gênio dessa árvore bendita!
Obrigado(a), senhores gênios guardiães do Norte e do Sul, do Leste e do Oeste!
Obrigado(a) a todos os senhores gênios vegetais!
Que, de agora em diante, eu trilhe um caminho verdejante, vivificante, frutífero e florido, pois esse foi o caminho dado a mim pelo meu divino Criador e Senhor meu Deus!
Com a vossa licença, agora me retiro em paz, em harmonia, em equilíbrio e com meu coração transbordando de amor e minha mente, pensamentos e consciência transbordando de fé em Deus e alegria em viver!
Com a vossa licença, senhores gênios vegetais!

A seguir, vire as costas para a árvore e diga isso:

Árvore bendita, assim que eu me sentir totalmente recuperado adquirirei uma muda de árvore frutífera e a plantarei na beira de um caminho, para que, um dia, quem passar por ela possa colher dela um saboroso fruto, pois de agora em diante também serei como uma árvore frutífera e darei bons frutos aos que dependem de mim, assim como da vida só colherei frutos suculentos e saborosos à minha própria vida!

A seguir, volte para sua casa, ajoelhe-se diante da vela de sete dias consagrada a Deus e ao seu guardião, fazendo uma oração de agradecimento, pois, com toda certeza, sua vida mudará para melhor paulatinamente.

Magia para Curar Impotência Sexual

*E*ssa magia tem por objetivo auxiliar as pessoas que estão sofrendo intimamente por causa de impotência sexual, seja ela de origem emocional ou biológica.

É uma magia poderosíssima e tem como finalidade ajudar as pessoas a superar suas dificuldades nesse campo do relacionamento humano.

Certas impotências têm como fundo causas psíquicas; outras, disfunções biológicas; e muitas pessoas têm vergonha ou receio de tratar-se com profissionais especializados. Dessa forma, você deve recorrer à magia e voltar a ser feliz nesse aspecto de sua vida.

Vejamos agora o material necessário para essa magia:

──────────── Material necessário ────────────

- Um prato de louça branco e que nunca tenha sido usado.
- Um pano branco e sem uso, cortado em triângulo, um pouco maior que o prato.
- Sete bananas "verdes" descascadas.
- Mel de abelhas.
- Sete flores conhecidas como "copo-de-leite".
- Sete velas brancas amarradas com uma fita branca.
- Sete velas verdes amarradas com uma fita verde.
- Sete velas vermelhas amarradas com uma fita vermelha.

_____ Como fazer _____

Depois de providenciar o material, você deve se dirigir a um local onde haja um pé ou moita de bananas, limpar um pedaço do solo próximo dele – pois as velas serão acesas – e tomar todos os cuidados para não causar um incêndio, certo?

1. Após limpar o solo, estenda o pano branco com um dos vértices apontando para a bananeira.
2. Depois, coloque o prato virgem sobre o pano.
3. Descasque as sete bananas verdes e coloque-as dentro do prato. Você deve colocá-las com as pontas curvas voltadas para cima e de modo que formem um círculo a partir do centro do prato, como se fossem os raios de uma roda.
4. Cubra as bananas com mel de abelha, derramando-o em sentido longitudinal e do centro para as pontas, deixando cair um pouco para fora do prato.
5. Acenda as velas e coloque-as dessa forma: o feixe de sete velas brancas deve ser firmado no vértice do tecido apontado para a bananeira; o feixe de velas verdes deve ser firmado no vértice à direita; e o feixe de velas vermelhas deve ser firmado no vértice à esquerda. Todas devem ser colocadas na terra e bem firmes, para não tombar, ok?
6. Distribua as sete flores "copo-de-leite" ao redor, formando um círculo. As flores devem ter os caules com mais ou menos 10 cm de comprimento, que devem

ser fincados na terra, pois você terá de enchê-las até a metade com mel de abelha.

7. Com tudo isso feito, você deve fazer essa evocação:

Evoco Deus, evoco Sua Lei Maior e Sua Justiça Divina e evoco os gênios vegetais, que poderão me ajudar na cura da minha impotência sexual e devolver meu equilíbrio emocional e minha saúde, curando-me e trazendo-me de volta a alegria e o prazer nesse aspecto de minha vida.

Que minha cura se processe no campo psíquico e biológico e que eu supere o mais rápido possível essa minha dificuldade, voltando a ser pleno nesse aspecto de minha vida.

Caso a minha impotência tenha como causa alguma magia negativa, peço que aqui, no poder dos gênios vegetais e desse triângulo mágico da luz, ela seja cortada e que eu volte a ter minha antiga potência sexual.

Confio no poder dos gênios vegetais e tenho certeza de que logo estarei curado e livre desse meu sofrimento.

Em contrapartida do auxílio que receberei, prometo não atentar contra os princípios divinos que regulam esse aspecto da vida, tais como: não aprovarei abortos, nem abandono de crianças, nem separação de casais e todos os procedimentos que desestabilizam as relações humanas.

Amém!

Depois de fazer essa evocação magística perante os gênios e Deus, peça licença para se retirar e siga para casa, pois, segundo a fé com que fizer essa magia e de acordo com o merecimento, logo você se sentirá curado, confiante e feliz nesse sentido de sua vida.

Magia para Curar Doenças Espirituais

Muitas são as doenças do nosso espírito, e muitas vezes estamos tão vulneráveis que vivemos "adoentados" e indispostos a maior parte do tempo.

Podemos solicitar o auxílio dos gênios vegetais para recuperarmos nossa saúde, com a seguinte magia:

Material necessário

- Sete tipos de ervas medicinais verdes adquiridas no comércio de erva: losna, erva-cidreira, boldo, erva-doce, hortelã, arruda, alecrim e uma muda de eucalipto.
- Sete velas: 1 branca, 1 verde, 1 azul, 1 violeta, 1 amarela, 1 vermelha e 1 rosa.
- Um litro de álcool.
- Uma garrafa de licor de menta.
- Sete copos de papel.
- um pedaço de corda de dois metros.

Como fazer

Depois de adquirir o material, você deve ir a um campo limpo e:

1. Amarrar as pontas da corda, estendendo-a no solo, em círculo.
2. Acender as sete velas e firmá-las do lado de fora do círculo de corda.
3. Distribuir os sete copos e enchê-los com o licor de menta.
4. Evocar os gênios vegetais dessa maneira:

> *Em nome de Deus, evoco os gênios vegetais e peço que me ajudem na cura das doenças do meu espírito, doenças essas que têm me enfraquecido e vulnerabilizado. Gênios vegetais, peço o vosso auxílio e conto com vossa ajuda para me curarem. Ajudem-me em nome do nosso divino Criador e Senhor nosso Deus!*
>
> *Amém!*

5. A seguir, coloque as ervas na frente das velas, mas dentro do círculo formado pela corda, nessa ordem:

- Vela branca – losna.
- Vela verde – erva-cidreira.
- Vela azul – boldo.
- Vela violeta – erva-doce.
- Vela amarela – hortelã.
- Vela vermelha – arruda.
- Vela rosa – alecrim.

Depois de colocar os sete maços de ervas dentro do círculo, derrame álcool na corda e ateie fogo a ela, formando um círculo ígneo. Pegue um maço de ervas de cada vez passando-o pelo corpo todo, de cima para baixo, como se você estivesse se limpando com ele.

Quando você estiver limpando as pernas e os pés, deixe o maço no solo, à sua volta.

Faça essa limpeza com as sete ervas, uma de cada vez, sempre dizendo as palavras:

> *Gênios vegetais, limpem do meu corpo e do meu espírito todos os miasmas, todas as larvas astrais e*

todos os encostos espirituais que estão me adoecendo, enfraquecendo-me e esgotando-me energeticamente.

Depois da limpeza com as sete ervas, saia do círculo, molhe as ervas e a corda com álcool e mais uma vez ateie fogo, dizendo as palavras:

Gênios vegetais, que aqui, nesse círculo ígneo, sejam purificados todos os espíritos que me infernizam e, queimadas todas as larvas astrais e miasmas que me consumiam.
Amém!

Assim que o fogo se apagar totalmente, cave um buraco no centro do círculo, plante a muda de eucalipto, regue-a com água fresca e diga as palavras:

Gênios vegetais, eu vos ofereço esse pé de eucalipto em sinal de agradecimento por curarem o meu espírito e devolverem minha saúde física.
Que Deus vos abençoe!
Obrigado(a)! Deem-me licença para eu me retirar forte, confiante e saudável!

Muitas são as magias feitas com os gênios vegetais. Vamos a mais uma, feita com flores:

────────── Material necessário ──────────

- Três maços de flores.
- Três velas: 1 verde, 1 amarela e 1 cor-de-rosa amarradas, cada uma, com uma fita da mesma cor da vela.
- Um prato virgem.

- Um vidro de mel.
- Um pote de cerejas em calda.
- Uma garrafa de champanhe *rosè* doce.
- Três copos de papel.
- Um vidro de perfume de rosas.

────────── Como fazer ──────────

Com todo o material acima à mão, dirija-se a um campo verde ou a um bosque e faça isso:

1. Acenda as três velas em triângulo.
2. Distribua ao redor de cada vela um maço de flores, formando um círculo em volta dela.
3. Abra o champanhe e encha os três copos de papel, colocando um perto de cada vela. O que sobrar na garrafa, coloque no centro do triângulo.
4. Coloque o prato virgem no centro do triângulo, abra o pote de cerejas e derrame-o todo dentro do prato.
5. Abra o vidro de mel e derrame um pouco do conteúdo sobre as cerejas. Depois faça um círculo ao redor do triângulo com o resto do mel.

Depois disso, faça essa evocação:

Em nome de Deus, evoco os gênios das flores e os oferendo nesse triângulo mágico e sagrado, e peço o vosso auxílio para me ajudarem (dizer o que você quer que eles façam em seu benefício).

Eu vos agradeço antecipadamente e espero ser ajudado no meu pedido.

Que Deus vos abençoe sempre, gênios das flores!
Obrigado(a)!

Depois de fazer seus pedidos, plante as três mudas de flores, uma próxima de cada vértice do triângulo, e regue-as com água fresca, para só então pedir licença e se retirar.

Aos gênios das flores você deve pedir ajuda para anular inimizades, discórdias, desarmonia familiar e matrimonial; para pedir saúde, amor, prosperidade, espiritualização, etc.

Nenhum pedido negativo ou que seja prejudicial a quem quer que seja será atendido pelos gênios das flores.

Como são muitas as magias com os gênios vegetais e não temos aqui o espaço necessário para escrever todas, cremos que com essas os leitores poderão conseguir muito dessa classe de seres da natureza.

Os Gênios do Fogo (Ígneos)

Os gênios ígneos, ou do fogo, são habitantes do magma, no interior da Terra, e das dimensões ígneas, que têm neles sua energia natural.

Saiba que essa classe de gênios não vive na dimensão espiritual, mas sim em dimensões ígneas mesmo.

Os gênios ígneos são ótimos purificadores de ambientes domésticos e atuam em paralelo com as divindades regentes da natureza, sempre consumindo irradiações energéticas negativas que se formam a partir de sentimentos inferiores dos seres, sentimentos esses que emanam energias pesadas e ruins para a natureza terrestre.

Os gênios do fogo são parecidos com labaredas, que se deslocam de um lado para outro, muito ágeis e irrequietos.

Os clãs dos gênios ígneos são homogêneos e quase não se diferenciam uns dos outros. O que os diferencia são seus segundos elementos, ou seja, o elemento da natureza cujas essências alimentam-nos energeticamente.

- Gênios ígneo-vegetais: são os que se alimentam das essências vegetais.
- Gênios ígneo-minerais: são os que se alimentam de essências minerais.
- Gênios ígneo-cristalinos: são os que se alimentam das essências das pedras cristalinas.
- Gênios ígneo-telúricos: são os que se alimentam de essências telúricas.
- Gênios ígneo-eólicos: são os que se alimentam das essências eólicas.
- Gênios ígneos puros: são os que se alimentam só da essência ígnea.

Para fazer oferendas aos gênios ígneos e solicitar sua ajuda, velas nas cores a seguir devem ser usadas:

- Gênios ígneos puros: velas de cor laranja.
- Gênios ígneo-telúricos: velas marrons.
- Gênios ígneo-eólicos: velas vermelhas.
- Gênios ígneo-minerais: velas amarelas.
- Gênios ígneo-cristalinos: velas brancas.
- Gênios ígneo-vegetais: velas verdes, azul-claras e violetas. As verdes são para os que se alimentam da essência das folhas; as azul-claras são para os que se alimentam da essência das flores; e as violetas são para os que se alimentam da essência das flores.

Para fazer a oferenda aos gênios ígneos, é necessário usar círculos com sete velas ou triângulos, com as velas em cada vértice.

Eles apreciam frutas, ervas aromáticas, pós aromáticos, bebidas cítricas e licores de frutas, elementos dos quais extraem a essência altamente concentrada. Flores "ígneas" ou de cores amarelo, alaranjado ou vermelho também são apreciadas por essa classe de gênios da natureza.

A seguir, mostraremos algumas magias utilizando os gênios ígneos.

Magia Ígnea para Cortar Magia Negativa

Os Gênios do Fogo (Ígneos)

Material necessário

- Um litro de mel.
- Um vasilhame de barro refratário.
- Vinte e uma pimentas vermelhas "dedo-de-moça".
- Sete velas vermelhas.
- Uma garrafa de licor de fruta cítrica.
- Sete copos de papel.
- Um pedaço de pano branco.

Como fazer

Depois de ter todos esses elementos à mão, você deve se dirigir a um campo aberto ou pedreira e evocando os gênios ígneo-minerais oferendá-los dessa forma:

1. Colocar a tigela refratária num lugar e fazer com as sete velas vermelhas um círculo em volta dela.
2. Em volta do círculo de velas, coloque os sete copos de papel e encha-os com o licor.
3. Coloque sete pimentas dentro da tigela refratária, outras sete entre as sete velas e as sete últimas pimentas em volta dos copos, mas por fora, fazendo um círculo com elas.
4. Com muito cuidado, encha com álcool a tigela de barro refratária e toque fogo nela. Porém, afaste antes o resto do álcool.
5. Depois disso feito, você já poderá acender as velas, pois assim não correrá risco algum. Cuidado com o álcool, certo?

6. Por fora do círculo mágico, derrame o resto do álcool e ateie fogo nele, formando um círculo ígneo fechado.
7. Então, com tudo isso feito e com muito cuidado, faça a evocação poderosíssima dos gênios ígneos:

> Gênios do fogo, em nome de Deus eu vos evoco e vos peço que aqui, nesse círculo ígneo, sejam consumidas todas as vibrações mentais negativas projetadas contra mim; que sejam anuladas todas as magias negativas feitas contra mim; que sejam cortadas todas as perseguições espirituais contra mim; que meus caminhos, minhas portas e meus campos sejam abertos e purificados; que todas as minhas doenças, infortúnios e azares sejam queimados, e eu seja livrado das traições e das falsidades.
> Amém!

Depois de fazer essa forte evocação, dê sete voltas em sentido anti-horário, sempre repetindo a evocação.

Depois de dadas as voltas em sentido anti-horário, ajoelhe-se e faça essa outra evocação:

> Gênios do fogo, em nome de Deus eu vos peço harmonia, paz e prosperidade de agora em diante. Que meus caminhos sejam abertos e purificados, para que eu possa viver minha vida com fé, amor, paz e confiança.
> Amém!

Em seguida, levante-se e dê sete voltas em sentido horário, sempre repetindo a evocação.

Depois de terminadas as sete voltas em sentido horário, ajoelhe-se novamente e agradeça a Deus e aos gênios do fogo.

Após, espere todo o fogo da tigela se apagar, recolha os restos das velas e todas as pimentas, colocando-as dentro da tigela, só deixando os copos de licor no lugar em que estavam.

Cubra a tigela com o pano branco, agradecendo mais uma vez a Deus e aos gênios do fogo, e retire-se em paz, pois ali, com certeza, terão sido cortadas todas as atuações negativas provenientes de magias ou de projeções mentais e atuações espirituais.

Magia para Curar Frigidez Sexual

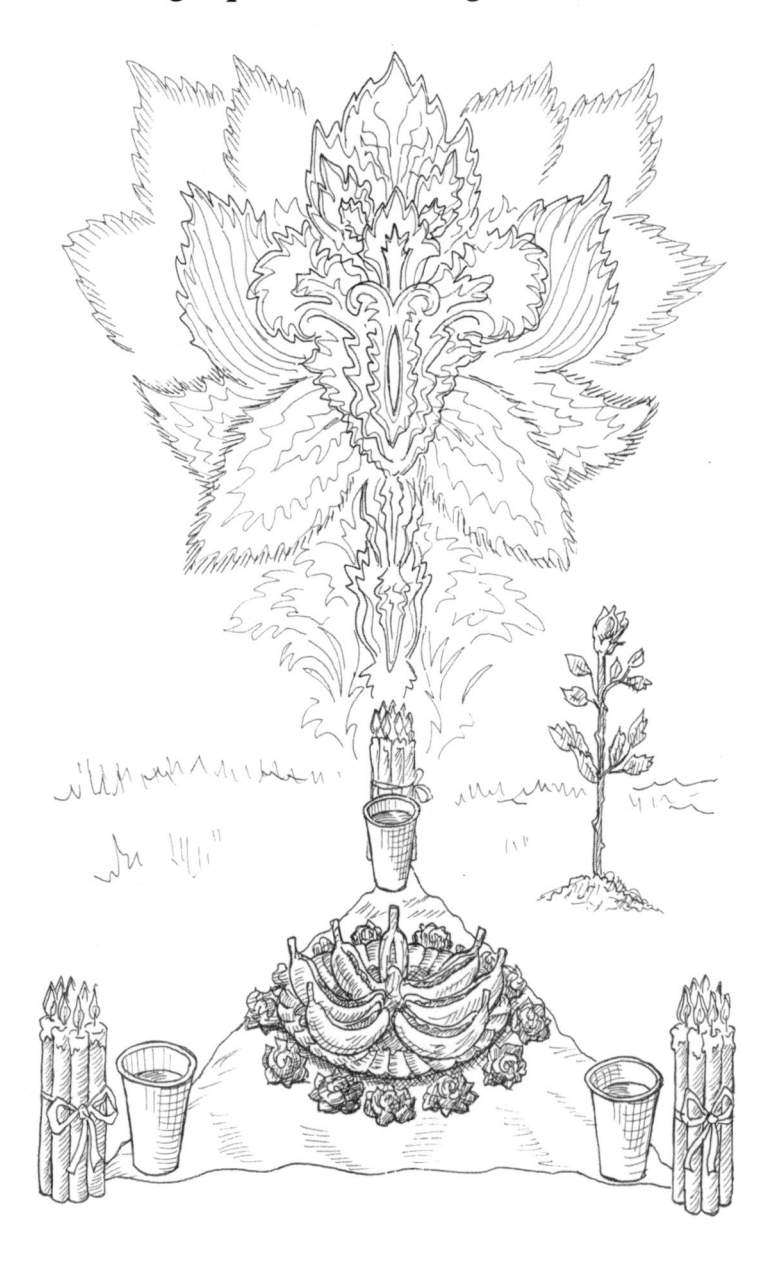

*M*agia poderosíssima feita com os gênios ígneos para combater a frigidez sexual que atrapalha a vida de muitas mulheres, seja ela de origem psíquica (emocional) ou biológica.

───────── Material necessário ─────────

- 1 kg de pimenta vermelha "dedo-de-moça", triturado no liquidificador ou com outro meio à sua disposição até virar "caldo" (acrescente água antes de triturá-la).
- Sete bananas, nem verdes, nem maduras.
- Um pano vermelho, cortado em triângulo, com 70 cm de comprimento em cada lado.
- Uma bandeja de papelão folheada em papel alumínio.
- Vinte e uma velas, sendo sete vermelhas, sete amarelas e sete de cor de laranja, amarradas em três maços com fitas da mesma cor.
- Treze rosas vermelhas bem abertas.
- Uma garrafa de champanhe de uva, branco e seco.
- Uma faca para partir as bananas ao meio, mas sem separá-las totalmente (a casca manterá as duas partes unidas).
- Três copos de papel.
- Uma muda de rosas vermelhas.

───────── Como fazer ─────────

Após ter à mão o material, você deve seguir até um campo seco ou uma pedreira e proceder assim:

1. Coloque o pano vermelho com um vértice para o Norte.
2. Coloque a bandeja de papelão em cima do pano.
3. Acenda os três maços de velas e coloque-as nessa ordem: as velas vermelhas devem ser firmadas no vértice Norte e oferecidas aos gênios ígneos do Norte e do fogo puro; as de cor laranja, no vértice esquerdo da base do triângulo e oferecidas aos gênios do fogo-mineral; as amarelas, no vértice direito da base do triângulo e oferecidas aos gênios do fogo eólicos.
4. As bananas devem ser partidas ao meio, porém não separadas em duas partes. A seguir, coloque-as "entreabertas" e em círculo dentro da bandeja.
5. Abra o vasilhame com o caldo de pimentas trituradas e derrame um pouco sobre cada banana entreaberta, até encher o vão entre as duas bandas.
6. O resto do caldo deve ser derramado no centro da bandeja.
7. Abra o champanhe e encha os três copos de papel, colocando cada um deles perto das velas nos vértices do triângulo.
8. Quebre as treze rosas no caule e coloque-as com as pétalas para cima em volta da bandeja de papelão, formando um círculo florido.

Após fazer isso, comece a evocação mágica dos gênios ígneos:

Peço licença a Deus para evocar seus gênios ígneos aqui firmados por mim e solicitar o auxílio deles para a cura da minha frigidez sexual, tenha ela fundo psíquico ou biológico.

Gênios ígneos aqui firmados, eu vos evoco e peço o vosso auxílio para a cura de minha frigidez sexual, tenha ela origem em bloqueios emocionais ou em disfunções biológicas, pois só assim conseguirei satisfação e equilíbrio nesse sentido de minha vida.

Ajudem-me, gênios do fogo aqui firmados, pois tenho sofrido em silêncio por causa da minha frigidez.

Antecipadamente vos agradeço e vos oferendo com essa muda de rosas que plantarei aqui e regarei com água fresca, simbolizando vosso auxílio e minha cura completa.

Obrigada, e que Deus vos abençoe por todo o sempre.

Amém!

A seguir, plante a muda de rosas, regue-a com água fresca, peça licença e volte para casa confiante, pois você logo será curada de sua frigidez sexual.

Magia para Purificar o Lar

Os Gênios do Fogo (Ígneos)

*E*ssa magia poderosa deve ser feita dentro dos lares em que espíritos do baixo astral tenham se estabelecido e estejam provocando discórdias, discussões, doenças ou desagregação familiar.

———————— Material necessário ————————

- Um giz branco.
- Um maço de velas amarelas.
- Um maço de velas vermelhas.
- Um vaso de vidro.
- Um pouco de limalha de ferro, que pode ser conseguida em uma serralheria.
- Um litro de água mineral sem gás.
- Uma dúzia de rosas vermelhas.

———————— Como fazer ————————

Tendo todo o material à mão, você deve:

1. Pegar o giz e riscar no chão essa cruz: ✥ Cada linha deve ter 77 cm de comprimento, possuindo nas pontas N-S, L-O, indicando os gênios do Norte, do Sul, do Leste e do Oeste.

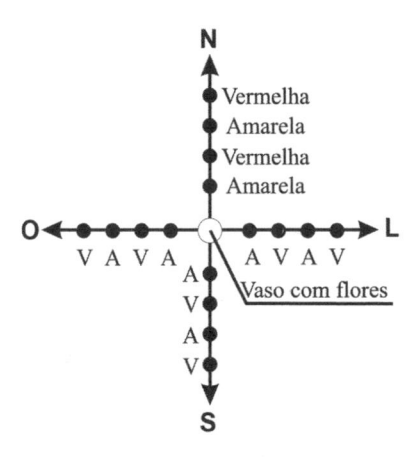

```
              N
              ▲
              ● Vermelha
              ● Amarela
              ● Vermelha
              ● Amarela
O ◄●●●●●———●●●●►L
      V A V A │ A V A V
            A ●  Vaso com flores
            V ●
            A ●
            V ●
              ▼
              S
```

2. Colocar no centro da cruz o vaso de vidro e derramar dentro dele o litro de água mineral.
3. Derramar dentro da água a limalha de ferro.
4. Colocar as rosas vermelhas dentro do vaso.
5. Acender as velas vermelhas e as amarelas, distribuindo-as assim nas hastes da cruz:

Após ter sido feito tudo o que indicamos anteriormente, você deve fazer essa poderosíssima evocação mágica aos gênios ígneos:

Senhor Deus, eu, meu lar e minha família estamos sofrendo por causa da atuação de espíritos desequilibrados e possuídos pela maldade, que estão nos atingindo e desagregando essa casa e minha família.

Peço ao Senhor Sua licença divina para que eu possa evocar todos os seus gênios do fogo e solicitar o auxílio deles para que minha casa, eu e todos os meus familiares sejamos purificados e livrados dos tormentos que estes espíritos têm nos causado, restabelecendo nossa paz familiar, nossa rearmonização e nossa prosperidade material e espiritual.

Amém!

Gênios do fogo, gênios de Deus, eu vos evoco e vos convoco para que acorram em meu auxílio, no da minha casa e no de meus familiares, livrando-nos da atuação dos espíritos desequilibrados, malignos e maldosos que têm nos perseguido e trazido doenças, tristezas, miséria e sofrimentos.

Que todos eles, não importando de onde procedam, sejam purificados no vosso fogo consumidor dos desequilíbrios, das maldades e dos ódios.

Que todos eles, não importando de onde procedam, sejam purificados e encaminhados para seus lugares de merecimento no mundo astral, deixando de atuar contra mim, minha casa e meus familiares, deixando-nos em paz a partir de agora.
Amém!

Após fazer essas evocações, cada membro da família deve dar sete voltas em sentido anti-horário, ajoelhar-se e agradecer a Deus e aos gênios ígneos. A seguir, todos devem se levantar e dar outras sete voltas em sentido horário, dizendo essas palavras:

No meu giro no fogo, sou livrado de todos os males pelos senhores gênios dos sete fogos!

Quando todos terminarem as sete voltas ao redor da cruz e em sentido horário, devem ajoelhar-se e agradecer a Deus e aos gênios dos sete fogos.

Após todos terem se purificado, aguardar a queima total das velas para que o vaso possa ser recolhido e despachado seu conteúdo em um jardim, rio ou campo aberto, pois, com certeza, todos estarão livres das perseguições espirituais, e seus lares, astralmente limpos.

Os Gênios da Água (Aquáticos)

Os gênios aquáticos na sua maioria são dóceis, sensíveis às nossas necessidades e atendem nossos pedidos sem muitos rituais evocatórios.

Eles habitam os rios, os lagos, as enseadas, as cachoeiras, os deltas de rios caudalosos e as fontes.

Podemos construir uma fonte artificial no quintal de nossa casa, embelezá-la com pedras coloridas, cristais e plantas exóticas, oferecê-la aos gênios aquáticos e ter neles ótimos guardiães etéricos do local onde moramos.

Essa classe de gênios aprecia elementos naturais adocicados, tais como caldo de cana, suco de frutas não ácidas, bebidas doces, manjares, néctares, etc.

Assim, se temos uma fonte, basta evocarmos os gênios aquáticos e oferecê-la a eles, colocando sempre na lua nova um prato de doce ou um manjar coberto com calda de açúcar, de ameixas, de pêssego, etc. dentro de um triângulo de velas azuis, rosas e brancas e, junto do prato, um copo de suco ou de caldo de cana, ou de alguma bebida doce, e pedir a eles que protejam nosso lar, trazendo paz, harmonia, saúde e prosperidade, pois, com certeza, seremos ouvidos e atendidos por esses gênios da natureza.

Se alguém mora em chácaras ou sítios cortados por algum rio, córrego ou riacho, deve seguir seu curso e "sentir" em algum ponto dele o local cuja "vibração" seja gostosa ou agradável.

Desse modo, limpe-o, ajardine-o com plantas exuberantes, floridas e frutíferas, tornando o lugar muito mais agradável e atrativo.

Depois, faça a oferenda aos gênios aquáticos, consagrando a eles esse local aprazível, pedindo em troca que afastem da sua propriedade quaisquer espíritos malignos, desequilibrados, vingativos, obsessores ou possessivos, pois, certamente, toda ela será purificada.

Peça também para que os gênios afastem quaisquer criaturas etéreas causadoras de doenças ou vampirescas, que você também será atendido.

Peça para que diluam certas energias etéreas que costumam se condensar sobre a Terra e "mirrar" suas plantações.

Para afastar bichos venenosos, enterre um litro de alcatrão na entrada de sua propriedade e outro no extremo oposto a ela. Depois, enterre um outro litro no Norte, em relação à entrada e seu lado oposto, e outro no Sul, em relação ao Leste e ao Oeste, fazendo essa cruz:

Depois disso, em cada local onde foi enterrado o litro de alcatrão, você deve fazer essa evocação:

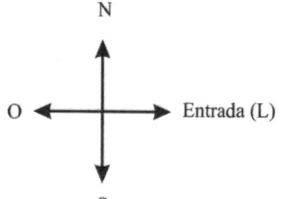

O ← → Entrada (L)

N

S

Gênios aquáticos, aqui crio um ponto natural de repelência e de expulsão de todos os bichos e criaturas venenosas, tenham eles existência física, etérica ou espiritual.

Estabeleçam nessa minha propriedade uma cruz genialógica aquática, protetora dessa área e repelente e expulsora desses seres perigosos para mim e para todos os que moram nesse lugar.

Em seguida, plante uma muda de pinheiro natalino perto dos locais em que foram enterrados os litros de alcatrão e regue-a com bastante água fresca.

Porém, existem muitas outras magias protetoras a serem feitas com os gênios aquáticos. Aqui, daremos algumas delas.

Magia para Curar Doenças da Pele

―――――― Material necessário ――――――

Como fazer

- Adquira boa quantidade de arruda, macerando-a em um balde, com mais ou menos cinco litros de água.
- Depois de macerar bem a arruda, leve-a ao fogo e aqueça a água até que comece a ferver. Então, apague o fogo.
- Depois de apagar o fogo, cubra o balde com um pano branco e deixe a água descansar, de modo que esfrie lentamente.
- Quando a água estiver morna, coe-a e coloque-a em litros, os quais você deve tampar bem com rolha de cortiça.
- A seguir, dirija-se a um rio, lago, cachoeira, córrego, enseada, etc. que não seja poluído.
- Faça um círculo de velas azuis e coloque dentro dele os litros cheios de água com a essência de arruda.
- Derrame açúcar sobre os litros e também em todo o solo dentro do círculo, fazendo a seguinte evocação mágica:

Gênios da água, eu os evoco em nome de Deus e peço que adicionem a essa água com arruda a essência etérea que ajudará a curar a doença de minha pele e purificará o meu espírito.

Façam isso por mim nesse momento, e eu prometo que voltarei aqui e deixarei para vós uma oferenda assim que eu estiver curado(a).

Obrigado(a)!

Que Deus vos abençoe!

Quando as velas estiverem totalmente queimadas, envolva os litros de água com arruda em um pano branco, leve-os para casa e, após um banho, derrame um deles por todo o corpo, friccionando a água contra a pele, principalmente nos locais enfermos ou em volta deles, se forem feridas ou chagas abertas.

A cada dia, use um dos litros para se banhar.

Depois da cura, retorne ao local onde você pediu a ajuda dos gênios aquáticos e deixe uma oferenda de agradecimento para eles.

Não deixe de retornar e agradecê-los, certo?[1]

Lembrem-se, leitores, que em muitas das doenças os gênios curarão as chagas do seu espírito, pois só assim os medicamentos homeopáticos ou alopáticos conseguirão curar seus corpos biológicos ou carnais.

---

1. *Há doenças que os remédios não conseguem curar, mas o enfermo não deve deixar de usá-los, porque é possível que os gênios aquáticos adicionem suas essências curadoras aos princípios ativos e medicinais deles, potencializando seus efeitos no organismo da pessoa.*

Os Gênios Minerais

Os minerais (ferro, manganês, ouro, prata, cobre, etc.) são abundantes na natureza e têm vasto uso industrial.

Aqui, fazemos uma distinção esotérica entre os elementos citados e as pedras preciosas, semipreciosas e ornamentais, que classificamos genericamente como "cristais".

Se tanto os "minerais" quanto os "cristais" são englobados pela geologia como um todo por causa da estrutura atômica comuns aos minérios e às pedras, no entanto, no universo dos gênios, seres muito distintos habitam esses dois reinos da natureza.

Os gênios minerais são densos, e os cristalinos, diáfanos, quase transparentes mesmo! Os primeiros, além de densos e "pesados", são muito arredios; já os segundos são "leves" e muito acessíveis, fraternais mesmo!

Essas distinções, além de muitas outras, fazem surgir duas classes de gênios:

- Os gênios minerais são racionalistas ao extremo.
- Os gênios cristalinos são amorosíssimos e atuam sobre o emocional das pessoas.

Assim, para nós, magos, trata-se de duas classes distintas de gênios atuando sobre nós de formas diferentes.

Os animais e as pessoas possuem algumas coisas similares e outras que os diferenciam, ainda que seus corpos biológicos tenham em comum os aparelhos digestivo, respiratório, circulatório, as glândulas, etc., e corpos formados a partir da fusão de células reprodutoras masculinas e femininas.

No entanto, a natureza dos animais é instintiva, e a das pessoas, racionalista. E mesmo entre as pessoas, os animais e os vegetais há algo em comum: a estrutura de crescimento celular.

Bem, agora vamos deixar de lado as explicações justificadoras da separação dos gênios minerais e cristalinos e passar às magias com os primeiros.

Magia para Atrair Prosperidade

—————— Material necessário ——————

- Sete pedaços de pirita dourada.
- Um pote de barro.
- Um pedaço de tecido dourado.
- Sete velas na cor dourada.
- Um litro de licor de menta.
- Um litro de mel de abelha.
- Quatorze copos de papel.
- Uma muda de eucalipto.

—————— Como fazer ——————

Após ter à mão todo o material, vá até o sopé de uma montanha, serra ou pedreira, e cave um buraco.

1. Coloque os pedaços de pirita dourada dentro do pote de barro, envolva-o com o tecido também dourado e enterre-o no buraco cavado por você. Faça isso, sempre evocando os gênios dos minerais, pedindo a eles a prosperidade, certo?

2. Depois de enterrar o pote com as piritas, pegue três velas douradas e acenda-as, firmando-as em triângulo, tendo o cuidado de apontar seu vértice para a direção da montanha, serra ou pedreira escolhida por você.

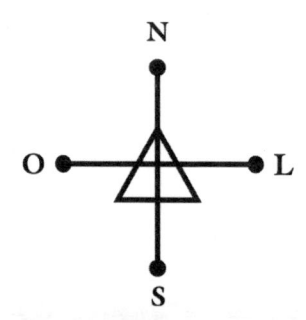

3. Em seguida, acenda as outras quatro velas douradas, firmando-as em cruz, sendo que uma deve ficar adiante do vértice do triângulo, criando o desenho abaixo:
4. Faça a cruz de velas grande o suficiente para depois poder fazer dois círculos de copos de papel, nos quais deverão ser colocados o mel no círculo interno e o licor de menta no externo.
5. Depois disso feito, plante a muda de eucalipto após a vela do polo Norte da cruz e regue-a com água fresca.
6. A seguir, ajoelhe-se diante do polo Sul da cruz de velas e saúde os gênios regentes dos minerais, os tutelares minerais e os minerais guardiães do Norte, do Sul, do Leste e do Oeste.

Depois da saudação, faça essa evocação propiciatória de prosperidade:

Gênios dos minerais, eu os evoco em nome de Deus e peço que, segundo meu merecimento, propiciem prosperidade material e espiritual à minha vida, afastando a miséria, o azar e o egoísmo.
Peço também que me propiciem o amor, a bondade e a generosidade do espírito, pois só assim conhecerei a verdadeira riqueza que recebi de Deus e que é o meu dom da vida.
Amém!

A seguir, agradeça antecipadamente aos gênios dos minerais e retire-se respeitosamente do local onde foi feita a oferenda propiciatória de prosperidade material e espiritual.

Magia para a Saúde

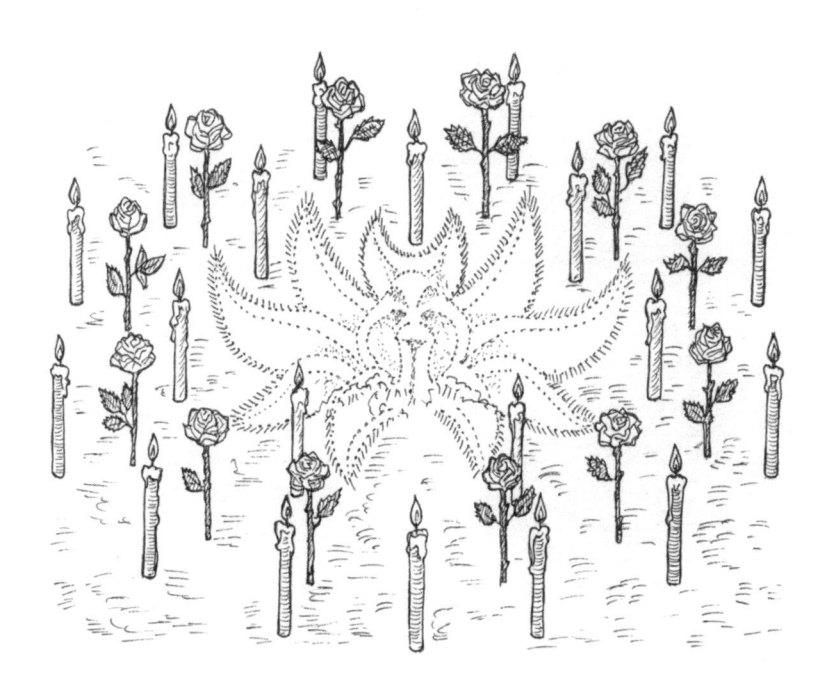

―――――― Material necessário ――――――

- Pequenas quantidades de bromo, mercúrio, iodo, nitrato de prata e limalha de ferro.
- Treze velas verdes e sete vermelhas.
- Treze rosas brancas.
- Um vidro escuro com tampa de cortiça.

―――――― Como fazer ――――――

1. Com o material à mão, proceda da seguinte forma: dirija-se a uma pedreira e, chegando a ela, abra o vidro e coloque dentro dele as porções de bromo, mercúrio, iodo, nitrato de prata e limalha de ferro. Depois, tampe-o com a rolha de cortiça, agitando-o bem.

2. A seguir, cave um buraco e forme ao redor dele um círculo com as sete velas vermelhas, fazendo essa evocação:

   Gênios tutelares dos minerais, eu vos evoco em nome de Deus e peço vossa ajuda para recuperar minha saúde física, mental e espiritual. Que todas as minhas doenças sejam recolhidas dentro desse vidro, diluídas por esses elementos minerais e queimadas pelo fogo etérico emanado por essas velas vermelhas.
   Amém!

3. Assim que for feita essa evocação, passe de forma lenta pelo corpo o vidro hermeticamente fechado

com a rolha de cortiça e depois coloque-o dentro do buraco cavado na terra.
4. Quando o vidro já estiver dentro do buraco, aguarde aproximadamente dez minutos, para, após esse tempo, cobri-lo com a terra.
5. Durante a espera, você deve mentalizar que os gênios tutelares dos minerais estão irradiando suas essências curadoras em seu corpo e espírito, curando-o.
6. Em seguida, coloque as treze rosas brancas ao redor do círculo de velas vermelhas e cerque-as com as treze velas verdes acesas e firmadas também em círculo.
7. Depois disso feito, dê treze voltas em sentido anti-horário ao redor do círculo de velas verdes, pronunciando a seguinte oração magística:

Senhor meu Deus, meu pai e meu Divino Criador, que todas as minhas doenças sejam curadas aqui nesse círculo mágico dos teus gênios medicinais minerais, meu senhor!

8. Quando as treze voltas em sentido anti-horário tiverem sido dadas, ajoelhe-se, agradeça aos gênios medicinais minerais e dê mais treze voltas em sentido horário, dizendo essa oração:

Gênios de Deus, gênios medicinais minerais, eu vos agradeço em nome do nosso senhor por me curarem das minhas doenças físicas e espirituais. Amém!

9. Depois de dadas as treze voltas em sentido horário, ajoelhe-se mais uma vez, agradecendo aos gênios medicinais minerais e pedindo bênçãos a Deus.

A seguir, agradeça aos gênios tutelares minerais, peça licença para se retirar e siga para sua casa.

Lembre-se que você deve continuar tomando os remédios que lhe foram receitados, pois, às vezes, por meio deles os gênios medicinais minerais também atuam na cura de doenças.

Essa magia é recomendada para várias doenças, como, por exemplo:

- Cardíacas.
- Renais.
- Nódulos nos seios.
- Úlceras e gastrites.
- Hemorroidas e prostatite.
- Sinusites e enxaquecas, etc.

Magia para Cortar Magias Negativas

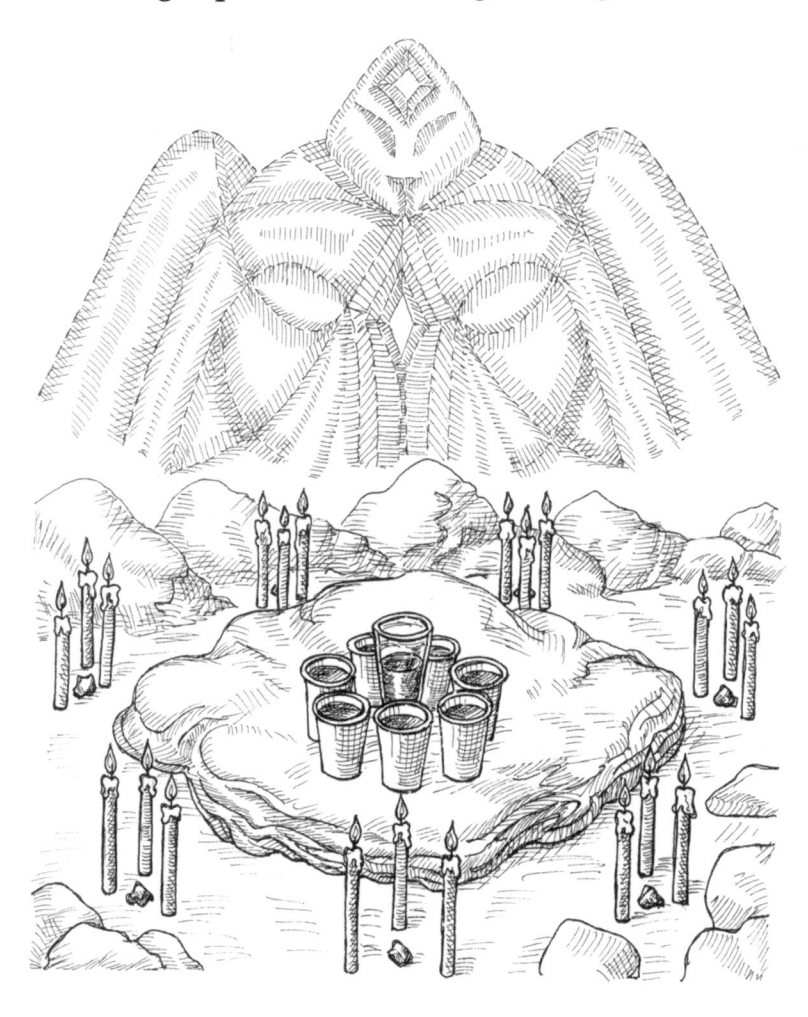

───────────── Material necessário ─────────────

- Sete pedaços de hematita bruta.
- Sete velas vermelhas.
- Sete azul-escuras e sete de cor laranja.
- Uma garrafa de vinho tinto seco.
- Um copo de vidro e sete de papel.

───────────── Como fazer ─────────────

Com o material à mão, dirija-se a um local onde existam pedras grandes.

1. Chegando lá, escolha uma pedra de tamanho médio em forma de "mesa", sobre a qual você colocará o copo de vidro e os sete copos de papel ao redor dele, enchendo-os de vinho.
2. A seguir, pegue os sete pedaços de hematita (que não precisam ser grandes) e coloque-os ao redor da pedra-"mesa".
3. Depois, acenda as sete velas vermelhas e firme-as junto dos sete pedaços de hematita, formando um círculo ígneo.
4. Posteriormente, acenda as sete velas azul-escuras e as outras sete de cor laranja, firme-as de modo que formem um triângulo com a vela vermelha no vértice e junto da pedra-"mesa", a hematita no centro e as velas azuis e laranjas compondo a base. Dessa forma, serão formados sete triângulos ao redor da pedra-"mesa" e em seu centro estarão as sete hematitas.

Após isso feito, e com todas as velas acesas, faça essa poderosíssima evocação mágica:

Gênios guardiães dos minerais, eu vos evoco em nome de Deus e peço vossa ajuda para que aqui, nessa pedra e nesse círculo ígneo mágico, sejam cortadas todas as magias negativas feitas contra mim.

Que sejam cortadas todas as amarras de minha vida; que sejam abertos todos os meus caminhos, todas as minhas portas, todas as minhas passagens e todos os meus campos, sejam eles profissionais, espirituais, familiares, amorosos ou emocionais.

Que todos os bloqueios de minha vida sejam rompidos, e sejam anuladas todas as perseguições, tanto materiais quanto espirituais.

Que sejam afastadas de minha vida a inveja, as intrigas, as doenças, as pragas, as maldições e as traições.

E que todos os meus perseguidores sejam jungidos à pedra sagrada da Lei Maior de Deus e nela esgotados todos os seus sentimentos negativos vibrados contra mim, sejam os meus perseguidores espíritos ou encarnações.

Amém!

Ao final da evocação, dê sete voltas em sentido horário, ajoelhe-se, agradeça a Deus e aos Seus gênios guardiães dos minerais e peça licença, retirando-se respeitosamente do local e dando sete passos para trás, sendo o primeiro com o pé direito. Depois, vire-se de costas para a pedra e siga em paz para sua casa, pois ali ficarão "presas" as magias negativas feitas contra você.

Os Gênios Cristalinos (dos Cristais)

Como já falamos sobre a diferença entre gênios minerais e cristalinos, não vamos tornar a explicar o motivo de separá-los em duas classes.

Os gênios dos cristais (pedras preciosas, semipreciosas e ornamentais) são muito amáveis, fraternais e acolhedores, além de diáfanos e coloridos, sendo que alguns são azulados; outros, esmeraldinos; e outros, violáceos, etc.

Seus clãs são formados a partir das espécies de pedras cristalinas, tais como: clã dos gênios das ametistas, das esmeraldas, dos diamantes, dos rubis, etc.

Para cada espécie de pedra há clãs específicos, e isso os diferencia dentro de uma mesma "família" de gênios.

O mesmo ocorre com os gênios dos outros elementos da natureza, pois nos minerais temos o clã dos gênios do ferro, do mercúrio, do ouro, da prata, do manganês, do carvão mineral, do cobre, etc.

As magias feitas com os diferentes clãs de um mesmo elemento são tantas e tão variadas que, aqui, temos nos limitado a apenas algumas, mas que são poderosíssimas.

Se fôssemos passar todas as magias existentes, teríamos de descrever milhares delas, pois se escolhermos os gênios das flores, para cada espécie há clãs, e cada um diferente dos gênios das demais flores.

O mesmo ocorre com todas as classes de gênios, e isso sem falar das diferenças existentes entre os gênios do Norte, do Sul, do Leste e do Oeste dentro de um mesmo elemento.

Alguns mestres-magos astralinos dividem os gênios da seguinte forma:

- Quartzos e pedras coloridas transparentes: gênios minerais do Norte.
- Pedras preciosas e semipreciosas de cores altamente concentradas: gênios do Leste.
- Granitos, mármores, britas, etc.: gênios do Oeste.
- Ferro, chumbo, cobre, mercúrio, ouro, prata e outros metais pesados: gênios do Sul.

No entanto, essas classificações são errôneas e englobam gênios de diferentes naturezas dentro de um mesmo elemento.

Assim, se englobamos os gênios vegetais numa mesma classe, nós os diferenciamos por clãs para cada espécie e separamos os minérios e as pedras em duas categorias distintas de gênios, mas que, dentro de uma mesma classe, têm naturezas afins, da mesma maneira como atuam de formas análogas.

Bem, vamos passar agora algumas magias com os gênios dos cristais.

Magia para Proteção de Lares

Os Gênios Cristalinos (dos Cristais) 115

──────────── Material necessário ────────────

- Uma drusa de quartzo, que deverá ser lavada, secada e deixada no sol por duas horas (das 11 às 13 hs).
- Uma garrafa de licor de anis.
- Uma tigela de louça ou de vidro, que deverá ser colocada em um canto da sala ou sobre um móvel dentro dela, onde será inserida a drusa e, em seguida, posta a água.
- Sete velas brancas e sete azul-claras.
- Um pedaço de tecido branco que envolva a drusa.
- Uma dúzia de rosas brancas.
- Sete copos de papel.

──────────── Como fazer ────────────

Com todos os elementos à mão, dirija-se a uma cachoeira num domingo (meio-dia) e proceda assim:

1. Faça um círculo ígneo com as sete velas brancas intercaladas nas sete azuis, todas acesas.
2. Despetale as rosas e espalhe as pétalas dentro do círculo de velas.
3. Distribua os sete copos de papel ao redor do círculo de velas, enchendo-os com licor de anis.
4. Desembrulhe a drusa de cristal e coloque-a em cima das pétalas de rosas brancas, dentro do círculo de velas, fazendo, ajoelhado, diante da cachoeira, a seguinte evocação:

Gênios dos cristais, eu vos evoco em nome de Deus e peço que aceitem essa drusa de cristal, imantando-a com vossas essências cristalinas, dando a ela o poder de absorver as energias negativas e de irradiar as positivas.

Que de agora em diante essa drusa absorva energias enfermiças, larvas astrais e miasmas que venham a aparecer em meu lar.

Peço também que ela atue como polo repulsor de espíritos perturbados ou obsessores e anule formas-pensamento projetadas contra mim e meus familiares por nossos inimigos.

Amém!

Mantenha as velas acesas ao redor da drusa e espere pelo menos meia hora antes de recolhê-la, envolvê-la com o tecido branco e levá-la para casa, onde será depositada dentro da tigela já preparada para recebê-la.

Antes de recolher a drusa, você deve se ajoelhar e fazer um agradecimento a Deus e aos Seus gênios dos cristais.

Em casa, depois de colocar a drusa dentro da tigela e enchê-la com água doce ou do mar, você deve acender duas velas, uma branca e outra azul, consagrando-as aos gênios cristalinos, pedindo a proteção deles para o seu lar.

Periodicamente, retire a drusa da tigela, lave-a e troque a água do recipiente, acendendo duas outras velas, uma branca e outra azul, renovando seus pedidos de paz, saúde e harmonia familiar, pois, com certeza, você receberá a proteção desses gênios muito amorosos.

Magia para Amor, Saúde e Prosperidade

Os Gênios Cristalinos (dos Cristais)

――――――― Material necessário ―――――――

- Um pequeno pote de louça branca, com tampa.
- Sete pedras pequenas de cada uma dessas espécies: ametista, citrino, jaspe marrom, quartzo branco, sodalita, ágata verde e ônix preto.
- Sete velas amarelas, sete azuis e sete cor-de-rosa.
- Três mudas de rosas brancas, amarelas e vermelhas.
- Uma garrafa de champanhe de maçã e uma vela branca.
- Açúcar em quantidade suficiente para encher o pote de louça.
- Um metro de fita amarela, um de fita azul e um de fita rosa.
- Quarenta e nove moedas.
- Um pano branco para envolver o pote.

――――――― Como fazer ―――――――

De posse de todo o material, dirija-se a um rio de águas limpas e, de preferência, que seja pedregoso.

Chegando a ele, escolha um local aprazível em sua margem e proceda assim:

1. Cave um buraco fundo o bastante para enterrar o pote e cobri-lo bem de terra. Faça um buraco de mais ou menos 50 cm de profundidade num local onde a erosão não irá desenterrá-lo.
2. Pegue o pote de louça e cubra seu fundo com açúcar.
3. Coloque sete moedas em círculo e os sete ônix no meio dele, cobrindo-os também de açúcar.

4. Coloque mais sete moedas em círculo e as sete pedrinhas de ágata verde no centro, cobrindo-as novamente com açúcar.

5. Coloque outras sete moedas em círculo e sete sodalitas no centro, cobrindo-as com açúcar.

6. Coloque mais sete moedas em círculo e, no centro dele, os sete quartzos brancos, cobrindo-os com açúcar.

7. Coloque outras sete moedas em círculo e, no centro dele, os sete jaspes marrons, cobrindo-os cuidadosamente com açúcar.

8. Coloque mais sete moedas em círculo e, no centro dele, os sete citrinos, cobrindo-os com açúcar.

9. Coloque sete moedas em círculo e, no centro dele, as ametistas, cobrindo-as com açúcar até encher totalmente o pote de louça, fechando-o em seguida.

Observação: Sempre que for colocada a camada de açúcar, deve ser feita a seguinte evocação:

Gênios de Deus, gênios cristalinos, eu vos evoco e vos ofereço esse açúcar, essas moedas e essas pedras preciosas e, em nome de Deus, peço-vos que me ajudem a ter sempre saúde, harmonia, prosperidade e amor em minha vida, em minha profissão e em meus relacionamentos.
Amém!

10. Depois de enchido o pote e ter sido feita a sétima evocação mágica dos gênios cristalinos, tampe-o e amarre-o com as fitas, prendendo a ele sua tampa.

11. Tendo amarrado bem a tampa, envolva o pote de louça com o pano branco e coloque-o de pé, no buraco, cobrindo-o e socando a terra em volta dele para que fique bem firme. Depois disso, abra a garrafa de champanhe e, com a mão direita, derrame um pouco do conteúdo, em cruz, sobre a terra, em cima do pote, e coloque a garrafa com o restante do líquido bem no centro dela, repetindo a evocação aos gênios cristalinos.

12. Acenda as sete velas azuis, firmando-as entre o pote e o rio. Elas devem estar juntas.

13. Acenda as sete velas cor-de-rosa, firmando-as perpendicularmente às azuis.

14. Acenda e firme as sete velas amarelas de tal modo que os três maços de velas formem um triângulo em relação ao pote enterrado.

15. Plante as três mudas de rosas nas seguintes posições: a muda de rosas brancas deve estar próxima das velas azuis; a muda de rosas amarelas, próxima das velas amarelas; a muda de rosas vermelhas, próxima das velas cor-de-rosa. Em seguida, regue-as com água do rio e faça essa oração propiciatória:

Gênios cristalinos, em nome de Deus eu vos evoquei e vos pedi amor, saúde, harmonia, paz e prosperidade e, ainda em nome de Deus, peço-vos que me propiciem essas coisas segundo o meu merecimento, tanto no campo material quanto no espiritual de minha vida.

Obrigado(a) e que Deus vos abençoe, gênios cristalinos do Norte, do Sul, do Leste e do Oeste.

Amém!

Depois de feita a oração, acenda a vela branca, firmando-a ao lado da garrafa de champanhe, oferecendo-a a Deus, aos seus gênios tutelares e ao seu anjo da guarda.

A seguir, peça licença e retire-se respeitosamente do local, pois, com certeza, o que for do seu merecimento lhe será concedido.

Os Gênios Eólicos (do Ar)

Os gênios eólicos (associados ao ar etérico) são uma classe de seres que se mostram como uma nuvem de fumaça, de tão rarefeitos que são.

Mas, se são rarefeitos, no entanto também são poderosíssimos e capazes de alterar em minutos toda a "estrutura essencial" dos seres (espíritos), das criaturas (animais, aves, etc.) e das demais espécies (vegetais, algas, fungos, etc.).

Os gênios eólicos são temidos e evitados pelos espíritos trevosos, porque sua simples proximidade já os desestabiliza e faz aflorar neles todas as suas angústias, aflições, desequilíbrios, medos e tormentos conscienciais.

Classificamos os gênios eólicos como os auxiliares diretos da Lei Maior do nosso Divino Criador e como um dos poderosíssimos recursos dos arcanjos ordenadores das muitas dimensões da vida, além dos procedimentos dos seres que nelas vivem e evoluem.

O mistério dos gênios eólicos é fechadíssimo, e, para você, importa saber que eles são em si um dos recursos da

Lei Maior, para que ela vergue aos seus ditames os espíritos revoltosos.

Nada na criação divina deixa de ter importantíssima função, mas o pouco conhecimento acerca do "universo oculto" do nosso Divino Criador dificulta o entendimento sobre os mistérios dos gênios eólicos e a forma como atuam a criação, seres, criaturas e espécies.

O universo divino, segundo o atual entendimento terreno, limita-se a um Deus que tudo fez para beneficiar uma única criação: os humanos!

Porém, a verdadeira obra do nosso Divino Criador não é antropomórfica, mas sim destinada a sustentar a vida em todas as formas em que ela se apresenta aos nossos olhos, seja nas espécies minerais, vegetais, animais ou humanas, e nas muitas classes de seres dotados de razão, raciocínio e consciência.

Somente os gênios que vivem neste planeta e que retiram da natureza seu "sustento" são mais numerosos que os espíritos humanos.

Deus está para todos, e Sua presença mostra-se na forma de vida, seja ela humana, animal, vegetal ou etérica.

O mesmo amor que Ele dedica aos espíritos que encarnam em corpos "humanos" é dedicado aos seres da "natureza", que têm nos vegetais ou animais seus "veículos evolucionistas".

Bem, o fato é que os gênios eólicos vivem no "ar etérico" ou na contraparte etérea do "ar" que envolve o nosso planeta e nos gases retidos em seu interior sólido, e até na água, pois o oxigênio está na formação das suas moléculas.

Sim, os gênios eólicos absorvem energia dos "gases" e dos átomos "eólicos".

A partir do que revelamos, podemos dividir os gênios eólicos em clãs distintos, porque eles se "nutrem" de diferentes elementos gasosos encontrados na natureza.

As grandes reservas subterrâneas de gases são meios naturais habitados por gênios eólicos.

Assim, temos vários "hábitats" naturais dessa classe de gênios. Eis alguns deles:

- Na água: clãs eólico-aquáticos.
- Nas matas: clãs eólico-vegetais.
- Nas reservas de gases subterrâneos: clãs classificados por tipo de gás.
- Na atmosfera: clãs eólicos propriamente ditos, tais como: clã dos gênios do oxigênio; dos gênios do hélio; dos gênios do ozônio; dos gênios do xenônio, etc.
- Nas fontes sulfurosas: gênios do súlfur e do enxofre.

Os gênios eólicos estão distribuídos por todos os reinos da natureza devido à fácil mistura dos gases e de sua necessidade, funcionando eles como arejadores dos "meios da vida" e diluidores da concentração excessiva de outras essências em determinados pontos da natureza.

Essa classe de gênios deve ser evocada para problemas de saúde, de direcionamento da vida e para diluir magias negativas.

Vamos mostrar algumas magias que podem ser feitas com esses gênios, ainda que muitas sejam elas:

Magia para a Saúde

―――――― Material necessário ――――――

- Um vidro de essência de eucalipto.
- Um maço de velas brancas.
- Uma dúzia de rosas brancas.
- Um maço de arruda fresca.

―――――― Como fazer ――――――

De posse de todo o material, você deve seguir para a um campo aberto e proceder da seguinte forma:

1. Firme sete velas brancas em círculo, e no centro dele, a oitava vela.
2. Distribua ao redor da vela central as doze rosas brancas. As flores devem estar voltadas para a vela central.
3. Distribua os ramos de arruda sobre as rosas ao redor da vela central.
4. Abra o vidro de essência de eucalipto e derrame metade dele (mais ou menos) sobre as rosas e a arruda.

Depois tampe o vidro com o restante do líquido e coloque-o ao lado da vela central.

Em seguida, faça essa evocação:

Em nome de Deus, eu evoco os Seus gênios eólicos e peço-lhes que me ajudem a curar minha(as) doença(as).

Gênios dos "ares", curem-me em nome de Deus.

Amém!

Que Deus vos abençoe e muito obrigado(a) por me socorrerem nesta hora de grandes sofrimentos para mim.

Obrigado(a)!

A seguir, peça licença para se retirar do local e volte para sua casa, pois, com certeza, você será ajudado(a) por esses gênios amáveis e muito diáfanos.

Os Gênios Eólicos (do Ar) 129

Magia para Direcionamento da Vida

―――――――― Material necessário ――――――――

- Alguns mililitros de cânfora.
- Um litro de álcool.
- Alguns ramos de manjericão fresco.
- Um maço de flores do campo.
- Sete velas brancas, sete amarelas, sete azul-escuras, sete vermelhas, sete verdes, sete violetas e sete de cor laranja.
- Uma garrafa de licor de cereja e um quilo de farinha de trigo.
- Sete copos de papel.

―――――――― Como fazer ――――――――

Tendo todo o material à mão, dirija-se a um campo aberto e proceda assim:

1. Misture a cânfora ao álcool, agite bem e faça um grande círculo à sua volta, isolando o local onde a oferenda direcionadora de sua vida (espiritual, religiosa, amorosa, profissional, etc.) será firmada.
2. Faça um círculo de velas, firmando as sete brancas num ponto, as sete vermelhas noutro, e assim por diante, até serem firmados os sete maços, certo?
3. Coloque no centro do círculo as flores do campo.
4. Ponha ramos de manjericão entre as velas.
5. Abra a garrafa de licor de cereja e distribua o seu conteúdo nos sete copos, colocando cada um perto de um maço de velas acesas.

6. Pegue o pacote de trigo e espalhe um pouco por cima das flores, outro pouco ao redor das velas, e com mais um pouco faça um círculo ao redor delas. O restante deverá ser espalhado depois que você fizer a seguinte evocação:

Gênios do ar, gênios de Deus, eu vos evoco, oferendo e solicito vosso auxílio para que retenham nesse círculo mágico todas as coisas negativas existentes em minha vida, direcionando-me de agora em diante para que ela assuma novo rumo e eu possa me encontrar novamente no caminho que Deus reservou para mim e minha vida (amorosa, profissional, etc.).
Em nome de Deus eu vos agradeço e peço a Ele que os abençoe por me auxiliarem.
Amém!

Repita essa evocação por três vezes e, a cada uma delas, jogue no ar, à sua volta, um punhado de farinha de trigo.

Depois da terceira evocação e do terceiro punhado de trigo, agradeça aos gênios do ar, peça a bênção de Deus e retire-se de dentro do círculo de álcool canforado[2].

---

2. *O leitor já pode comprar o álcool canforado em vez de misturar a cânfora a ele na hora.*

Magia para Cortar Magias Negativas, Encantamentos Maléficos, etc.

Material necessário

- Um litro de álcool.
- Um pedaço de tecido de seda.
- Um vidro de azeite de dendê.
- Uma tigela de barro.
- Uma dúzia de rosas vermelhas.
- Boa quantidade de carvão vegetal ralado ou esmagado, que seja suficiente para fazer um círculo.
- Um pedaço de corda fina, que deve ser amarrada, nas pontas, fazendo uma circunferência de mais ou menos um metro de diâmetro.

Como fazer

De posse de todo o material, siga para um campo aberto e proceda assim, sempre evocando os gênios do ar enquanto faz essa poderosíssima magia:

1. Espalhe o pó de carvão no solo, fazendo uma circunferência.
2. Coloque o pedaço de seda sobre o círculo de carvão.
3. Espalhe pétalas de rosas vermelhas em cima da seda.
4. Coloque no centro da seda a tigela de barro e derrame dentro dela todo o azeite de dendê.
5. Coloque a corda com as pontas amarradas, fazendo com que ela forme um círculo ao redor da seda.
6. Derrame o álcool na corda e no tecido de seda, encharcando bem a ambos. Não misture o álcool ao dendê.

7. Em seguida e com cautela, ponha fogo na corda e na seda e faça a seguinte evocação mágica:

Poderosos gênios do ar, eu vos evoco em nome de Deus e vos peço que aqui nesse fogo purificador sejam consumidas as pragas, as maldições, as invejas e as magias negativas projetadas contra mim, livrando-me de todas as desgraças, azares, traições, maldades e bloqueios espirituais que têm atrapalhado minha evolução e prosperidade, infelicitando-me e tirando minha paz e equilíbrio, causando-me tormento.

Poderosos gênios do ar, que aqui, dentro desse círculo de fogo, fiquem amarrados todos os malefícios feitos contra mim, e que, aqui, todos os seres, espíritos ou criaturas trevosas que têm me perseguido sejam purificados dos seus negativismos e entregues à Lei Maior de Deus, que tomará conta deles de agora em diante e, segundo o merecimento de cada um, os redirecionará para o caminho do bem, da luz e da vida em Deus!

Amém!

Faça essa evocação de joelhos e, ao final, dê uma volta em sentido horário ao redor do círculo de corda, dizendo:

Poderosos gênios do ar, que fiquem presos nesse círculo mágico todos os malefícios e magias negativas projetados contra mim por meus inimigos!

Depois de dada a volta, ajoelhe-se, agradeça a Deus, à Sua Lei Maior e aos gênios do ar. Peça licença para retirar-se e siga para sua casa, já livre de todos os malefícios.

Os Gênios Telúricos (da Terra)

O s gênios telúricos são, de todas as classes de gênios, os mais próximos de nós e muito acessíveis e fáceis de ser evocados. Se temos em nossa casa um quintal de terra, ali mesmo podemos evocá-los e solicitar-lhes que afastem do nosso lar os espíritos malignos, os obsessores e os zombeteiros, bastando para tanto que cultivemos suas afeições e amizade.

Se criarmos um ponto de "contato" com esses gênios e nele colocarmos periodicamente uma taça de mel, uma vela marrom e um copo com água, oferecendo a eles esses elementos, podemos pedir auxílio e proteção, e eles manterão nosso quintal e casa livres de espíritos ruins, bem como nos livrarão das vibrações negativas que se condensam muito facilmente no "solo etérico".

Ainda que os gênios telúricos sejam introvertidos e reservados, irritando-se com facilidade, no entanto são tolerantes e afáveis.

Eles formam muitos clãs, diferenciando-se uns dos outros por causa dos elementos combinantes ou energizadores do meio original em que vivem, que é muito árido.

Os gênios telúricos dividem-se em: gênios telúrico-aquáticos, telúrico-vegetais, telúrico-minerais, telúrico-ígneos, telúrico-salinos ou cristalinos, etc.

Os clãs telúricos são diferenciados dessa forma porque é dos segundos elementos que extraem as essências fundamentais para se "alimentarem".

A seguir, passamos algumas magias com os gênios telúricos, às quais o leitor poderá recorrer caso queira o auxílio dessa classe de gênios tão próxima de nós.

Os Gênios Telúricos (da Terra) 139

Magia para Proteção de Lares

―――――― Material necessário ――――――

- Vinte e oito moedas de cobre.
- Sete velas brancas, sete azul-claras, sete roxas, sete vermelhas e sete marrons.
- Um litro de mel.
- Um litro de água fresca.
- Uma muda de pinheiro, uma de rosas vermelhas, uma de erva-cidreira; uma de alecrim do campo e uma de eucalipto.
- Quatorze copos de papel.
- Calcário em pó.

―――――― Como fazer ――――――

De posse desse material, vá até um local cuja terra seja fértil e proceda assim, sempre mentalizando os gênios telúricos:

1. Plante a muda de eucalipto, regue-a com água fresca e depois acenda em um círculo, ao redor dela, as sete velas marrons. Forme as velas afastadas da muda de eucalipto para não queimá-la com o fogo ou o calor das chamas das velas.

2. Depois, coloque dentro do círculo de velas um copo com água fresca e um com mel, oferecendo-os aos gênios guardiães telúricos.

3. Localize os polos magnéticos N, S, L, O e meça sete metros a partir do centro do círculo, marcando cada polo magnético.

4. A seguir, plante a muda de pinheiro no polo Norte e firme as sete velas brancas ao redor dela, colocando dentro do círculo mais um copo com água e outro com mel, oferecendo-os aos gênios telúricos do Norte.

5. Depois disso, vá ao polo Leste e plante a muda de erva-cidreira, acendendo e firmando ao redor dela as sete velas azul-claras, colocando dentro do círculo mais um copo com água e outro com mel, oferecendo-os aos gênios telúricos do Leste.

6. Em seguida, vá ao polo Sul e plante a muda de alecrim do campo, cercando-a com as sete velas roxas e colocando dentro do círculo mais um copo com água e outro com mel, oferecendo-os aos gênios do Sul.

7. Depois, vá até o polo Oeste e plante a muda de rosas vermelhas, acendendo as sete velas vermelhas e firmando-as em círculo ao redor da muda, colocando dentro dele mais um copo com água e outro com mel, oferecendo-os aos gênios telúricos do Oeste.

8. Tendo feito as cinco firmezas, pegue o calcário em pó e derrame-o, fazendo quatro cruzes a partir do centro.

9. Um pouco de calcário deve ser derramado do círculo central até o polo Norte; outro pouco, do centro até o polo Leste; outro pouco, do centro até o polo Sul; e outro pouco, do centro até o polo Oeste.

10. Depois de feita a cruz, faça um círculo em volta dos quatro polos.

11. Após fechar o círculo, dirija-se ao centro dele e, de costas para o círculo central e de frente para o polo Norte, faça essa evocação mágica aos gênios telúricos do Norte:

Gênios telúricos do Norte, gênios de Deus que velam pelo "equilíbrio essencial do alto", eu vos evoco em nome do nosso Divino Criador e peço-vos que protejam minha casa e meus familiares, afastando dela e deles todas as energias negativas e todos os espíritos desequilibrados.

Amém!

Em seguida, volte-se para o polo Leste e faça a mesma evocação, só mudando o "equilíbrio essencial do alto" por "equilíbrio essencial do Leste".

Depois, volte-se para o polo Sul e repita a mesma evocação, dizendo "equilíbrio essencial do Sul".

A seguir, volte-se para o polo Oeste e faça a mesma evocação, dizendo "equilíbrio essencial do Oeste".

A cada evocação você deve ficar de frente para o polo e de costas para o círculo central, certo?

Depois de ter evocado os gênios telúricos dos quatro polos, vire-se de frente para o círculo central, e de costas para o polo Oeste, fazendo essa evocação:

Poderosos gênios guardiães telúricos, em nome do nosso Divino Criador, eu vos peço proteção para o meu lar, meus familiares e minha vida.

Que em meu lar reinem a paz, o amor, a alegria e a prosperidade.

Que, guardados pelos senhores, possamos viver nossa vida e nunca sejamos vítimas de espíritos malignos, perversos, zombeteiros, enfermos ou desequilibrados.

Amém!

Em seguida, faça a mesma evocação, sempre estando de costas para os polos e de frente para o círculo central e nessa ordem: polos Oeste, Sul, Leste e Norte.

Ao terminar as quatro evocações, saia de dentro do círculo de calcário pelo polo Norte, dê a volta e ajoelhe-se de frente para o polo Sul. Então, agradeça a Deus e a todos os Seus gênios telúricos.

Depois disso feito, siga para sua casa porque, ao redor dela, os gênios já terão criado no seu lado etérico ou espiritual os quatro polos protetores e, no centro dela, mas embaixo e na terra, terão criado um poderoso polo de descarga das energias negativas que você trouxe para dentro de casa quando veio da rua.

Periodicamente, e sempre na fase crescente da lua, acenda uma vela marrom num canto do seu quintal e coloque ao lado dela um copo com água fresca e outro com mel.

Observação: *Esse canto deve ser de terra, e nunca cimentado, correto?*

MADRAS
Editora

Para mais informações sobre a Madras Editora,
sua história no mercado editorial
e seu catálogo de títulos publicados:

Entre e cadastre-se no site:

www.madras.com.br

Para mensagens, parcerias, sugestões e dúvidas, mande-nos um e-mail:

marketing@madras.com.br

SAIBA MAIS

Saiba mais sobre nossos lançamentos,
autores e eventos seguindo-nos no facebook e twitter:

@madrased

/madraseditora